LEO T

PNL

En Práctica

El manual más completo de la programación neurolingüística para tu éxito personal y profesional.

PNL © Leo Torres – todos los derechos reservados

Está prohibida la reproducción, también parcial, del contenido de este libro. Todos los derechos están reservados en todos los países, incluidos los derechos de traducción, de memorización electrónica y de adaptación total o parcial, con cualquier tecnología.

DISCLAIMER

Este manual está destinado a proporcionar al lector una descripción completa del tema PNL. La información contenida en el mismo está verificada de acuerdo a estudios científicos, sin embargo el autor no se hace responsable de cómo el lector aplica la información adquirida. Ante cualquier duda, el lector puede dirigirse a un especialista en el sector.

ÍNDICE

Introducción 1

PNL: El origen 5

    PNL: Definición y explicación 10

    PNL: Las ventajas 11

    PNL: las submodalidades y los principales sistemas de análisis interpersonales. 13

    PNL: La relación 17

    PNL: EL Modelo Milton 20

    PNL: La Time Line 23

    PNL: El Interruptor 24

    PNL: La escucha activa 26

    PNL: El ancla 27

    PNL: La comunicación sutil 29

Como utilizar la PNL en cada ámbito de la vida 32

    La PNL y la autoestima 33

    La PNL y las relaciones 40

    La PNL y el bienestar 47

    La PNL y el estudio 51

    2.5 La PNL y el trabajo 55

La PNL y el marketing 59

Ejercicios prácticos de PNL 63

Los cuatro tipos de comunicación 75

La diferencia entre la persuasión y la manipulación psicológica 78

La persuasión 82

La persuasión eficaz 83

Seis principios de la persuasión 86

Las 21 técnicas de persuasión más importantes............ 91

La manipulación 100

Dark psicology o psicología negra: las técnicas de manipulación mental más comunes 100

Técnicas avanzadas de manipulación mental 103

Técnicas con un estado de manipulación en curso..... 109

Técnicas prohibidas de control mental 111

Cómo reconocer al perfecto manipulador 117

Categorías de personas que podrían utilizar las técnicas de psicología negra para manipular 121

Conclusión 123

Introducción

Cualquiera que nunca haya oído hablar del término PNL se preguntará qué se discutirá en este manual. Este acrónimo, que será sumamente recurrente en las próximas páginas, significa Programación Neuro-Lingüística, una disciplina revolucionaria que podremos observar más de cerca en el primer capítulo. Pero, ¿qué es la programación neurolingüística específicamente?

Cada uno de ustedes, en el transcurso de su vida, se habrá hecho preguntas particulares a las que, con toda probabilidad, habrá dado respuestas muy aproximadas y aligeradas, ya que nos hemos acostumbrado desde que nacemos a pensar que resolver problemas psicológicos es un proceso largo y complejo, que requiere años de compromiso y horas de terapia, lo que de ninguna manera está mal. Algunos traumas de hecho requieren la intervención de uno o más especialistas de la mente y el pensamiento para resolverlos definitivamente, porque pueden estar muy arraigados. En la sociedad actual, sin embargo, recientemente ha salido a la luz una nueva forma de pensar dispuesta en correlación con la psique, capaz de reducir a la mitad los tiempos de curación y que también se puede practicar de forma individual, sin la ayuda de un profesional: aquí está la PNL.

Si han deseado siempre aprender a conocerse mejor a sí mismos y sus reales potenciales escondidos, si siempre han soñado con aprender a utilizar de forma eficaz la comunicación, o si siempre han sido incapaces de crear relaciones profundas, íntimas y satisfactorias, o también, si siempre han querido alcanzar y realizar sus objetivos, este es el libro para ustedes.

Utilizada con prudencia y conciencia, la PNL puede ser un verdadero punto de inflexión, la solución más deseada para cualquier problema psicológico. Es capaz de eliminar completamente las fobias, cambiar los estados de ánimo, aumentar la autoestima y, de manera más general, permitirte darte un regalo mejorando tu existencia. Aquí comienza el viaje al mundo de la programación neurolingüística y temas relacionados. Este volumen describe un curso de formación real, completo con ejercicios específicos, que le ofrecerán la oportunidad de acercarse cada vez más a este universo nuevo e inexplorado. Uno de los objetivos de esta guía es dar un primer conocimiento general para empezar a cambiar tu existencia de la mejor manera posible: dale crédito a las técnicas que se ilustrarán en estas páginas, porque después de probarlas, tu forma de ver la vida cambiará en de una manera radical y esencial.

Pero esto también será territorio para los escépticos La desconfianza es seguido el sentimiento predominante en los ojos de quien observa los estudiosos y practicantes de PNL. Otro objetivo importante que se quiere fijar en este libro es convertir a las personas más escépticas y vacilantes, que aún muestran poca convicción sobre el excelente potencial de esta preciosa disciplina. El volumen que tienes en tus manos en este momento te guiará paso a paso por el camino correcto para conocer las técnicas más utilizadas para mejorarte y mejorar tu comunicación; te dará la oportunidad de disfrutar del inmenso conocimiento que te acompañará por siempre y que constituirá tu bagaje cultural, haciéndote vivir una experiencia personal increíble diseñada para fortalecer tu psique tanto desde el punto de vista lógico como emocional, aumentando , en consecuencia, tu conciencia comunicativa. Todas las disciplinas presentadas en este libro lo ayudarán a convertirse en la persona que siempre quiso ser y a lograr sus objetivos sociales y de comunicación. Habiendo dicho eso, ¡todo lo que tengo que hacer es desearte feliz lectura!

PNL: El origen

"una de las cosas que las personas deben realmente comprender sobre el trabajo de mi vida es que no se trata de terapia o negocios – se trata de libertad". –

Richard Bendler.

La historia de esta disciplina revolucionaria y de vanguardia tiene sus raíces en la década de 1970, más precisamente en Santa Cruz, en la Universidad de California. Todo se originó en la mente de dos académicos que comenzaron a plantearse interrogantes sobre la supuesta conexión entre los procesos neurológicos y el lenguaje: gracias a la creación de patrones neurológicos a través del lenguaje habría sido posible idear patrones de comportamiento repetidos (llamados "programación") útiles para lograr algunos objetivos específicos. El entonces recién licenciado en psicología, Richard Bandler y el lingüista, así como el catedrático de esa misma universidad, John Grinder, iniciaron juntos una investigación encaminada a estudiar las características de la comunicación utilizada por unos excelentes psicoterapeutas, capaces de producir cambios y curaciones muy efectivos.

Seguir. El primer terapeuta que conocieron fue Fritz Perls, en el centro de Esalen en California. Tras el estudio realizado sobre la obra de Perls, los dos estudiosos pasaron a analizar la comunicación de Virginia Satir, utilizada en terapia familiar. Su peculiar estilo terapéutico y sus grandes dotes empáticas motivaron a Bandler y Grinder a profundizar en el lenguaje utilizado por Virginia, del que posteriormente se derivaron muchos modelos lingüísticos. Al mismo tiempo, el antropólogo Gregory Bateson aconsejó a Bandler, entonces gran amigo suyo, observar y analizar el trabajo de Milton H. Erickson, médico conocido por ser uno de los principales expertos en hipnosis clínica. Como había sido para Virginia Satir, Erickson también extrajo modelos de comunicación dotados de una eficacia extraordinaria en psicoterapia.

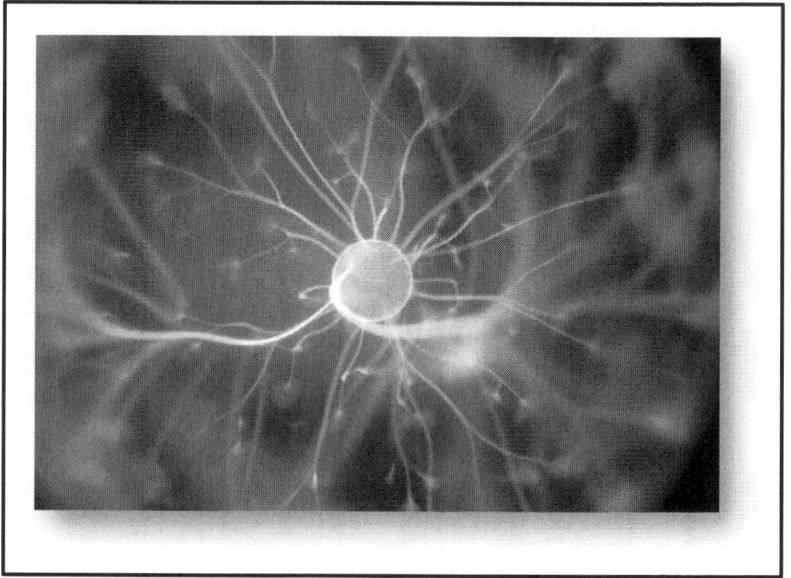

El resultado obtenido del modelado de estos tres grandes terapeutas fue la publicación de dos libros importantes para el nacimiento de la disciplina: "La estructura de la magia" y "Los modelos de la técnica hipnótica de Milton H. Erickson". A fines de la década de 1970, un alumno particularmente brillante de Bandler, Robert Dilts, comenzó a desarrollar la PNL con él. Hoy Dilts es conocido como quien comenzó a desarrollar la PNL de manera científica, y aún es conocido por su importante labor de investigación y desarrollo en Programación Neurolingüística en diversos campos, desde aplicaciones empresariales hasta el tratamiento de enfermedades consideradas incurables, que continúan en su centro de estudios de California.

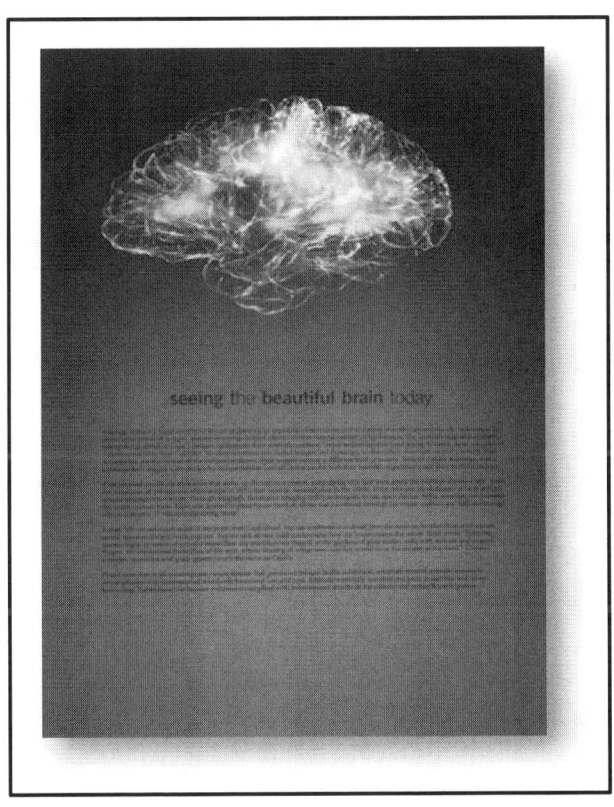

La difusión y expansión de la PNL creció exponencialmente a principios de la década de 1980, tras la publicación de otros tres volúmenes importantes: "Metamorfosis terapéutica", "Hipnosis y transformación", "Reestructuración". Más tarde se unieron muchos otros investigadores entre los primeros desarrolladores de PNL: Leslie Cameron Bandler, David Gordon, Stephen Gilligan (alumno de Erickson), Steve y Connirae Andreas.

A mediados de la década de 1980, un joven muy prometedor, Anthony Robbins, participó en cursos de PNL impartidos por Bandler y Grinder, logrando comprender la extraordinaria importancia de su método. Escribió el libro "Cómo sacar lo mejor de sí mismo y de los demás", que se convirtió en un éxito de ventas internacional que logró difundir la PNL y hacerla accesible para todos.

Robbins luego comenzó a popularizar el método de PNL en cursos a los que asisten cada vez más miles de personas en todo el mundo.

Richard Bandler se convirtió en el referente mundial de los cursos de especialización en PNL abiertos al público.

John Grinder, por su parte, optó por retirarse de la carrera académica para dedicarse exclusivamente a la formación en grandes empresas y organizaciones.

Dilts se mudó a la Universidad de Santa Cruz donde continúa impartiendo cursos en la actualidad.

Uno de los últimos estudiantes de Bandler, Tad James, desarrolló algunas técnicas interesantes que ilustró en un libro titulado "Time Line". Al momento la búsqueda continúa gracias al trabajo de Bandler, de Grinder, de Dilts y de muchos desarrolladores de PNL en todo el mundo. La PNL ha encontrado diversas y avanzadas aplicaciones en el mundo de los negocios y la persuasión, gracias a los estudios de Bandler flanqueado por John La Valle, un extraordinario formador y consultor, coautor del libro "Persuasion Engineering".

Continuando con su trabajo, Bandler posteriormente desarrolló estudios sobre sub-modalidades, creando unas técnicas denominadas DHE (Design Human Engineering). Con la ayuda de su amigo compositor Denver Clay ha grabado una serie de CD que son capaces de combinar modelos lingüísticos con música y sonidos, denominados "Neuro-Sonics". También presentó recientemente su último trabajo: NHR (Neuro Hypnotic Repatterning) un conjunto de metodologías basadas principalmente en el uso de modelos lingüísticos sofisticados para inducir cambios rápidamente.

A lo largo de los años, las aplicaciones de la PNL se han expandido, encontrando cada vez más comentarios y seguimiento en nuevos campos, desde la psicoterapia hasta la comunicación efectiva, desde el aprendizaje rápido hasta las ventas y los negocios, desde la comunicación pública hasta el liderazgo, desde el rendimiento deportivo hasta el bienestar y la salud, etc. Esta doctrina, basada en el principio del "modelado" de personas excelentes, se ha convertido en la ciencia más vanguardista, en constante evolución, ya que es capaz de ofrecer modelos, recursos y técnicas que pueden ser utilizadas por cualquier persona que pretenda avanzar y mejorar en cualquier campo de la actividad humana.

PNL: Definición y explicación

Como ya se ha mencionado, el término PNL es un acrónimo de la frase Programación Neuro Lingüística (en inglés NLP, Programación Neuro Lingüística).

- La P: programación, es el acto de crear una serie de eventos o de acciones. En este sentido basta pensar en la programación de un determinado día en la agenda o en la programación de un sistema operativo: Quien se ocupa de todo esto debe definir unos objetivos muy concretos, ensamblados con una cadena de acciones que conduzcan a ellos.

- La N: Neuro, se refiere al sistema nervioso y neuronal, por lo tanto, a todo el sistema que administra y controla la mente y los pensamientos.

- La L: Lingüística, representa y describe el lenguaje humano, las palabras, que se utilizan cotidianamente en favor de la comunicación con los otros.

En palabras simples, entonces, cuando hablamos de PNL estamos hablando de una forma de comunicar, que utiliza el lenguaje de forma específica (de aquí la "programación"), con el fin de obtener una serie de reacciones mentales que conduzcan a la obtención de un determinado cometido.

Tal definición podría fácilmente hacerle creer que se enfrenta a una disciplina aplicable sólo a médicos y expertos que la han estudiado durante años; en realidad, gracias a los gigantescos avances de los estudios que se han realizado en psicología y lingüística, esta doctrina es fácilmente aprendida por cualquiera. La descripción que acabamos de dar no puede considerarse específica de la PNL, ya que en esta doctrina no hay reglas fijas, sino que hay espacio para un acercamiento a la comunicación humana que se puede adaptar a cualquier veta científica o psicológica del inconsciente o del lenguaje. Por tanto, la PNL no se considera una disciplina en sí misma, sino un conjunto de teorías que se pueden aplicar a todas las demás disciplinas para mejorarlas y hacerlas más efectivas.

PNL: Las ventajas

Probablemente, habiendo llegado a este punto, ya habrás tenido la oportunidad de entender que **la PNL no necesita**

ninguna herramienta o maquinaria de ningún tipo para funcionar, prefiriendo hacer uso solo de

herramientas mentales que ya están disponibles. Una de las grandes ventajas de esta doctrina es la de utilizar estas herramientas mentales para lograr una serie de metas definidas de manera breve pero duradera, evitando así los costosos y enrevesados procesos, pero prefiriendo poner en práctica algunas técnicas sencillas, junto con la perseverancia y el compromiso. Los resultados obtenidos en poco tiempo no harán más que motivar la formación continua y la consecución de niveles de control más elevados y complejos.

Quizás muchos de vosotros, impulsados por la curiosidad por saber cada vez más, os estaréis preguntando cuáles son, en concreto, las ventajas que se obtienen del estudio de los dictados de la PNL, de los que hemos hablado hasta ahora. No te preocupes porque en los próximos capítulos nos adentraremos cada vez más en los meandros inexplorados del océano que aún representa la PNL para ti, los analizaremos con la debida atención y los estudiaremos a fondo, con el fin de despejar cualquier duda. Por el momento, contentémonos con explorar el horizonte y ver en general lo que le espera.

- Serán más eficaces en sus relaciones interpersonales, de cualquier tipo;

- Tendrán más éxito en el trabajo;

- Alcanzarán con más facilidad sus metas;

- Enfrentarán sus miedos y fobias que les impiden ser felices;
- Eliminas sus malas actitudes;
- Mantendrán el control en situaciones que normalmente se escaparían de sus manos.
- Estarán en grado de expresarse con claridad y de forma tal que todos entiendan;
- Evitaran ser manipulados;
- Serán muy felices.

PNL: las submodalidades y los principales sistemas de análisis interpersonales.

Para hablar de submodalidades, debemos partir de lejos y no podemos hacerlo correctamente sin mencionar la **mente consciente e inconsciente**. Muchos de ustedes probablemente ya sabrán cuáles son las tareas que las dos partes llevan a cabo de manera justa, pero la tarea de este párrafo es aportar más claridad al tema. **La mente consciente está diseñada para lidiar con el razonamiento**, sus funciones se pueden resumir en dos verbos muy específicos: analizar y organizar. **La mente inconsciente**, por otro lado, **tiene acceso total a todo lo que funciona sin nuestro control**, a saber, los latidos del corazón, la respiración, etc. Esta última, sin embargo, también es la parte que se ocupa de las emociones, los recuerdos y las reacciones primordiales. Los dos tienen una carga de responsabilidad, trabajo e influencia muy diferente: el primero funciona cuando estamos despiertos y alerta, el segundo, en cambio, está siempre en movimiento: es su tarea procesar todos los estímulos externos, gestionar automatismos, hábitos y reacciones inconscientes. En resumen, la parte inconsciente opera y trabaja mucho más que la consciente, influyendo en muchos de nuestros comportamientos "racionales" que creemos están bajo el pleno dominio de nuestras facultades. La parte que nunca hubiéramos creído poder controlar es, en cambio, la que más controla nuestra propia existencia.

Tras esta muy breve introducción, conviene tomar nota de que, para mejorar cualitativamente la vida empezando a vivir de nuevo en 360 °, es necesario aprender a tomar el control total de su parte irracional, comunicándose con ella a través del lenguaje. Para poder hacer todo esto debes necesariamente entrar en un estado de trance, ya que se sabe que la mente humana trabaja y aprende muy a menudo en un estado de "flujo", o en modo piloto automático. Cada uno de nosotros tiene toda una serie de comportamientos automatizados, esto se debe a que la repetición es la condición elegida por el cerebro para aprender ese comportamiento dado, haciendo que nuestro inconsciente lo interiorice de tal manera que le permita, posteriormente, realizarlo sin pensar.

Y es aquí precisamente donde entra en juego la PNL, a partir de lo que se acaba de decir: utiliza la parte consciente del cerebro para programar la parte inconsciente en momentos de vulnerabilidad, con el fin de implementar mejores comportamientos y recuperar la plena posesión de la vida.

Nuestra mente inconsciente, por tanto encargada de recolectar toda la información, imágenes, emociones capturadas de manera racional o irracional, procesa todo esto para crear una serie de esquemas mentales que le dan orden y significado a nuestra existencia. Mediante el uso de los cinco sentidos, cada uno de nosotros recibe estímulos precisos que, unidos en la base de toda la información que recibimos diariamente, utilizamos para crear mapas mentales, recuerdos y esquemas para pintar la realidad que nos rodea según nuestro gusto personal, aprendiendo conocer el mundo de esta manera. Al revivir un determinado recuerdo o información útil, cada uno de nosotros lo traerá de vuelta "a flote" recordando, mediante técnicas y características específicas, para luego obtener un video de las situaciones que más nos han impresionado, no tan precisas, pero sí funcionales. Según el sentido al que nos sintamos más inclinados y predispuestos, el foco de esta película reproducida por la mente pondrá el acento en el sonido, las imágenes o las emociones: cada uno de estos sistemas se denomina submodalidad.

Es muy importante entender qué submodalidad manda en nuestra forma de reproducir y revivir el mundo que nos rodea, para poder explotar las mejores estrategias, trabajando activamente con nuestro inconsciente. Las tres submodalidades principales, por supuesto, son visual, auditiva y kinestésica.

Cada persona tiene una mezcla personal de estas tres dimensiones distintas, que se utilizan en las situaciones más dispares, aunque siempre hay un cierto predominio. El sentido más desarrollado permite, de hecho, adquirir nuevos conocimientos y nociones mucho más rápido, influyendo en intereses y gustos directamente relacionados con la personalidad.

Sistema visual

Las personas que aprovechan al máximo el sistema visual tienen un alto nivel de energía, son inquietos por naturaleza y observadores atentos y, por lo tanto, son capaces de captar todos los detalles y la mayoría de los aspectos menores que otras personas no comprenden en absoluto. Principalmente visualizan y usan las imágenes en su mente para recordar y procesar mentalmente la información que necesitan.

Sistema auditivo

Las personas que se inclinan a explotar este sistema son generalmente personas extremadamente relajadas con excelentes habilidades comunicativas y expresivas. Les encanta conversar y su memoria, basada más en sonidos que en imágenes o emociones, los coloca en condiciones de recordar de manera bastante detallada todas las palabras que han escuchado anteriormente.

Sistema kinestésico

El último sistema, o el kinestésico, está ligado a las emociones del individuo. Las personas kinestésicas, aunque tranquilas por naturaleza, prefieren las emociones y el trabajo manual; les encanta probarse a sí mismos explotando el sentido del tacto, el gusto y el olfato. Suelen ser muy expresivos, suelen buscar el contacto físico pero no tienen un interés particular por los detalles. Son extremadamente espontáneos y tienen la particularidad de querer buscar y experimentar emociones de primera mano.

PNL: La relación

La relación representa una de las muchas metodologías estudiadas y aplicadas en la PNL para sellar acuerdos o afinidades entre individuos, explotando una relación de similitud y alineación. Al dar un amplio espacio a las semejanzas más que a las diferencias, es posible, de esta manera, romper la resistencia, favoreciendo, en cambio, la creación de alianzas, que, especialmente en las relaciones laborales e interpersonales, pueden resultar sumamente valiosas. Ir en busca de similitudes, entre otras cosas, te permite establecer una energía y armonía particular con el mundo que te rodea, comenzando de nuevo a alimentar la confianza y la esperanza en los demás.

Este método debe gran parte de su éxito al "rastreo", es decir, a la capacidad de sintonizar con otra persona, dando el valor adecuado a lo que cree que es cierto y creando una relación de complicidad y sinergia. Hay varias y muchas formas de establecer este tipo de vínculo: es posible apoyarse en el lenguaje corporal, la capacidad de conversación, el estado de ánimo, la respiración o las opiniones. Para que todo esto surta efecto es obligatorio probarse a sí mismo y ser real, buscando una unión concreta entre las dos partes. Es innegable que la gente tiende a pasar el rato y sentir una sincera simpatía por quienes muestran afinidad y similitud con ellos. En este caso, entonces, se sienten psicológicamente más predispuestos a encontrar puntos de acuerdo y a mostrarse más empáticos y abiertos a la escucha. Precisamente porque cada uno de nosotros tiene la necesidad innata de buscar algo en el otro que es parte de nuestra persona, siempre que sentimos la necesidad de entrar en armonía y armonía con alguien, la simpatía viene en nuestra ayuda.

Suponiendo que acabamos de conocer a nuestro nuevo jefe en el trabajo, una persona que podríamos definir como taciturna, seria y centrada, para crear una buena relación inicial podría ser útil mantener al mínimo las conversaciones relacionadas, interactuando con él solo de forma concisa y contenida.

Esta forma funciona y da resultados satisfactorios también en lo que respecta a la relación con nosotros mismos: por ejemplo, en momentos de tristeza y estrés, lo correcto sería quitar la relación de todos esos sentimientos negativos y fomentarla con otros más positivos. Sonreír o salir a caminar sin duda creará sensaciones mucho mejores que las que hubiéramos obtenido al encerrarnos, tal vez en la oscuridad, escuchando música triste. Sin duda, la relación más fluctuante y atormentada que tenemos es la que tenemos con nosotros mismos. Para entender esto bastaría con pensar un momento en cuándo nos hemos mostrado comprensivos y optimistas hacia un amigo o ser querido, quizás en relación al problema que nos había señalado. Todo esto sucede con mucha frecuencia y naturalidad innata, pero ¿podemos decir lo mismo de la relación con uno mismo? Nos cuesta muchísimo ser comprensivos u optimistas, esto se debe a que, lamentablemente, vivimos en una sociedad que constantemente nos empuja a lo mejor, que nos exige cada vez más y donde la autocrítica parece ser la única forma posible de diálogo con nosotros mismos. Parece imposible silenciar el diálogo interno negativo, sin embargo, con la ayuda de la relación, descubriremos que no es exactamente así. STOP.

Esta sola palabra, que actúa como una orden mental, tiene el poder de detener el vórtice de pensamientos que a menudo nos abruman, dándonos la oportunidad de recuperar lentamente el control. Después de interrumpir el flujo de pensamientos negativos, se recomienda reemplazarlo por algo más positivo y proactivo, de tal manera que nos dé la oportunidad de sintonizarnos con nosotros mismos. Para ello debemos aprender a desarrollar un sentimiento espontáneo de compasión por nuestra propia condición y situación: es aconsejable tener en cuenta que no hay faltas que imputar sino responsabilidades a tener en cuenta, por lo que se deben analizar en profundidad los problemas inherentes a las situaciones individuales, hasta que se encuentre una solución.

No hace falta decir que este enfoque, si se usa correctamente, puede ayudarnos seriamente a combatir la cadena de pensamientos negativos que obstaculizan nuestros días, haciéndonos ganar gradualmente una mejor visión de nosotros mismos.

PNL: EL Modelo Milton

El modelo Milton debe su nombre al psiquiatra Milton Erickson, quien solía utilizar herramientas del lenguaje para obligar a los pacientes a caer en un estado de trance, recibiendo así todas las sugerencias del médico a nivel inconsciente. Posteriormente, este método fue codificado por Bandler y Grinder quienes, a través de una escrupulosa observación ejercida sobre el trabajo del médico, pudieron identificar los patrones lingüísticos utilizados, que luego catalogaron y ordenaron en un esquema. Para funcionar, el modelo de Milton utiliza toda una serie de generalizaciones, declaraciones ambiguas y lenguaje indirecto, de modo que estos elementos, combinados, pueden crear una secuencia de imágenes evocadoras ubicadas dentro de una estructura lingüística confusa, que tiene la tarea de distraer la mente consciente para conversar con la inconsciente. La mente inconsciente, por tanto, recibe una lista de instrucciones extremadamente vagas que inducen al individuo a personalizarlas de acuerdo con sus propias herramientas a su disposición.

Los patrones lingüísticos identificados por Bandler y Grinder son unos veinte, a continuación se muestran los más comunes, que tienen un mayor efecto:

- Pacing current experience: la descripción textual y objetiva de lo que está pasando (ejemplo: estás intentando leer este libro y respirar");

- Mind Reading: se tiene cuando se finge conocer el estado de ánimo de quien se tiene en frente, o se finge dconocer lo que esa persona tiene en mente. (ejemplo: "los libros sobre la PNL los encuentras interesantes");

- Double blind: se trata de una oferta ficticia, se coloca bajo la apariencia de un favor, pero representa una solicitud explícita. (Ejemplo: "puedes comprar mi próximo libro");

- Tag question: son preguntas falsas, en las que ya se está declarando algo. (Ejemplo: "Este libro es muy hermoso, ¿verdad?");

- Universal quantifier: la acción de usar términos como nunca, cada vez, siempre, nadie, todos, etc. (Ejemplo: "nunca más tendrás dudas sobre la PNL");

- Cause-effect: la acción de describir una serie de causas y efectos. (ejemplo: "cuando termines este libro, sabrás mucho más sobre la PNL");

- Complex equivalence: atribuir a un evento A el significado B. (ejemplo: "compraste este libro, entonces eres muy inteligentes");

- Conjunción simple: y, pero, y no. (Ejemplo: "estás leyendo y lo estás disfrutando");
Factive predicate: son predicados que presuponen la verdad de las cláusulas para preguntarse, darse cuenta, ser consciente de, sentir, etc. (Ejemplo: "Me pregunto si sabe que ya ha aprendido mucho sobre PNL").

Los que acabamos de ilustrar son solo algunos de los patrones lingüísticos que forman parte del modelo de Milton y que utiliza el propio Dr. Milton. Intentando empezar a aplicarlos en la vida cotidiana pronto te darás cuenta de que de alguna forma empezarás a ser mucho más influyente en las personas, como si tus palabras hubieran adquirido de repente un peso y una musicalidad diferente y hasta ahora desconocida.

PNL: La Time Line

Banalmente llamada en español "línea del tiempo", la Time Line representa una estrategia capaz de proporcionar la capacidad de codificar la forma en que pensamos sobre el tiempo. Si, por ejemplo, pensamos en el momento en que teníamos la intención de leer un libro hace cinco años, y luego pensamos en el libro que estamos leyendo en ese momento y los libros que leeremos en el futuro, tres diferentes líneas de tiempo, con posiciones igualmente diferentes.

Hay dos tipos de representaciones de tiempo:

- In time (literalmente "a tiempo", el pasado y el presente se colocan detrás, mientras el futuro se coloca adelante);

- Through time (literalmente "a través del tiempo", el pasado se coloca a la izquierda, el presente aparece de frente y el futuro a la derecha).

En estas dos categorías precisas es posible dividir a las personas, o más bien, su forma específica de referirse al tiempo. De hecho, quienes piensan "en el tiempo" tienden a dejar atrás el pasado, literalmente, luchando por recordar eventos de su infancia o del pasado en general. Por otro lado, aquellos que piensan "a través del tiempo" definitivamente están más inclinados a recordar muy bien tanto el pasado como el presente.

Tomar conciencia de la forma en que vemos y percibimos el tiempo en nuestra mente nos facilitará mucho sacar algunas imágenes de nuestra memoria que nos serán de utilidad a la hora de poner en práctica técnicas de PNL.

PNL: El Interruptor

Este término utilizado en la PNL define la acción de reformulación que se opera sobre una imagen negativa específica que nos aterroriza o asalta. Por imagen, obviamente, entendemos cualquier tipo de película o imagen estática que nuestra mente produce por su propia voluntad, especialmente en casos de ansiedad o paranoia. Como la mayoría de técnicas que veremos, esta también requiere de un cierto nivel de entrenamiento, precisamente porque, en general, no estamos acostumbrados a trabajar con imágenes en nuestra mente, solo estamos acostumbrados a reprimirlas.

Tras un poco de entrenamiento, una vez perfeccionada, esta técnica demostrará ser un arma muy poderosa, pero sobre todo imprescindible, para recuperar poco a poco el control de tu mente. Su funcionamiento es extremadamente sencillo de explicar: siempre que una imagen negativa o una película se asoma a nuestra mente, es suficiente crear una imagen positiva para contrarrestarla o reemplazarla. Para que esta técnica funcione y dé sus frutos, es recomendable seguir algunas reglas:

- Lo primero que hay que hacer para implementar el cambio mental es, como ya se mencionó, crear una imagen o video positivo que contrasta totalmente con la imagen negativa. No es obligatorio seguir la regla de coincidencia: es decir, para crear una película para contrastar otra película o una imagen para otra imagen, todo debe surgir de forma espontánea y natural.

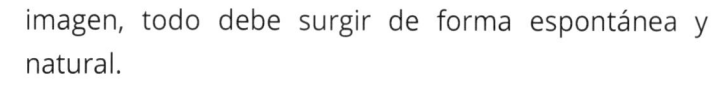

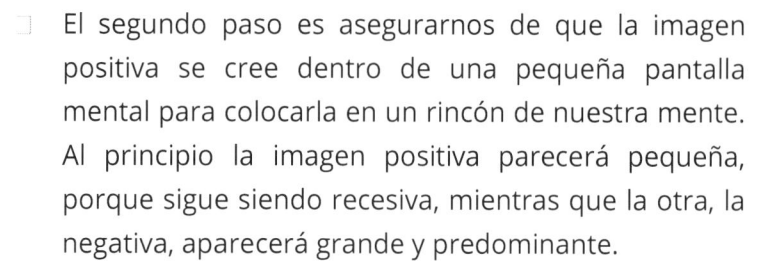

- El segundo paso es asegurarnos de que la imagen positiva se cree dentro de una pequeña pantalla mental para colocarla en un rincón de nuestra mente. Al principio la imagen positiva parecerá pequeña, porque sigue siendo recesiva, mientras que la otra, la negativa, aparecerá grande y predominante.

- Una vez completado este paso, las dos imágenes deben intercambiarse repetida y continuamente, hasta que el intercambio sea natural. Luego actúe de tal manera que mantenga la imagen positiva en primer plano, eliminando la negativa.

- Para que todo sea decididamente más efectivo, en cada cambio, la imagen positiva elegida debe personalizarse, haciéndola mucho más nítida, vívida y colorida; al mismo tiempo desvaneciendo y difuminando cada vez más el negativo.

- El secreto de esta técnica es la concentración: es muy importante no sentirse abrumado por las emociones inducidas por la negatividad. En cambio, centrémonos en lo que realmente queremos lograr.

PNL: La escucha activa

La escucha activa es esa metodología de escucha que requiere una atención total, no solo en lo que respecta a captar las palabras del interlocutor, sino sobre todo a notar todas las demás señales verbales y no verbales que normalmente tiene la intención de enviar. Solo así podremos comprender no solo lo que una persona nos está comunicando a través de las palabras, sino también lo que nos está comunicando a través del tono de su voz, su actitud, su mirada. Un oyente activo hace muchas preguntas a los que están frente a él, no solo para mostrar interés, sino también para encontrar soluciones, cuando se da cuenta de que su interlocutor necesita ayuda. Para escuchar activamente debemos enfocarnos profundamente en la otra persona, rastreando su actitud, mostrándole que lo estamos escuchando, repitiendo lo que dice, usando su propia submodalidad y haciéndole preguntas adecuadas.

Esta técnica de PNL es de fundamental importancia en las relaciones, esto se debe a que un buen oyente tiene excelentes relaciones interpersonales y laborales, logrando, de esta manera, recolectar información mucho más útil para la realización de sus objetivos.

PNL: El ancla

La técnica de anclaje es una de las técnicas más debatidas de la PNL, pero también una de las más importantes para los estudiosos y teóricos de esta doctrina. Se trata de la teorización de un proceso según el cual una sensación o una reacción está ligada (o, precisamente, anclada) a un gesto y / o estímulo específico. Dicho así puede parecer surrealista, difícil de imaginar, pero en realidad la técnica que implica el anclaje forma parte de nuestro día a día más de lo que pensamos, solo piensa en la ingente cantidad de actividades que realizamos casi sin darnos cuenta, limitándonos solo a responder a de estímulos externos. No solo eso: incluso el trauma suele ir seguido de un anclaje involuntario.

Una vez que entendemos el modus operandi de anclaje, podemos usarlo en nuestro beneficio.

Por ejemplo, si quisiéramos poner de buen humor a alguien, simplemente pídale a esa persona que nos cuente algo que lo haga feliz, o hágale preguntas sobre un tema que sepamos que es agradable para él / ella: de esta manera automáticamente colocaremos a nuestro interlocutor en un estado favorable hacia nosotros.

Generalmente, el siguiente paso para dar un ancla bien hecha es tomar una acción que ancle el estado mental de la persona. En el caso de un amigo nuestro con la intención de contarnos el fin de semana que pasó con su amada, podríamos, con mucha franqueza y amabilidad, poner una mano en su hombro, comentando positivamente la situación, reafirmando así el buen humor de nuestro amigo. Si se hace bien, este gesto tiene la capacidad de traer a la mente los buenos sentimientos, colocando al interlocutor a escuchar e intercambiar.

La técnica del anclaje, por supuesto, también se puede utilizar en nosotros mismos: cuando nos sentimos muy motivados o felices, podemos utilizar un determinado gesto para anclar ese sentimiento, la emoción que sentimos en ese momento circunscrito. Los gestos más utilizados en el anclaje son los de unir el pulgar y el índice como si formaran un círculo, o masajear las sienes.

También puede ser útil subrayar verbalmente el ancla, a través de un comentario positivo fuerte.

Como ocurre con cualquier técnica analizada hasta ahora, el anclaje también funciona mediante el método de repetición: en nosotros mismos debe hacerse al menos una vez al día, con los demás cuando sea necesario.

PNL: La comunicación sutil

En la comunicación humana, formada mayoritariamente por intercambios recíprocos, muchas veces las frases que se dicen están saturadas de sugerencias, preguntas u órdenes ocultas, la mayoría de las veces insertadas inconscientemente en el diálogo. Las personas extremadamente negativas son muy hábiles con esta técnica inconsciente y a menudo construyen oraciones ad hoc u oraciones para inducir a la otra persona a sentirse mal o peor. Ejemplos de tales oraciones pueden ser: "No te ves bien", "No estás bien", "Estás triste", etc. Todas las frases que traen consigo un condicionamiento mental, pasado como una orden, que lleva al interlocutor a sentirse como se describe. La publicidad también utiliza esta técnica inconsciente, que utiliza mensajes o comandos ocultos como "¡Corre a comprarlo!" o "¡No puedes resistir!", etc.

El primer paso es aprender a reconocer estos sutiles condicionamientos mentales negativos, para evitar ser víctimas de los demás, pero también entender cómo podemos mejorar la comunicación con nosotros mismos (frases como "Nunca lo lograrás" son absolutamente evitar, por ejemplo). Ante mandatos negativos inconscientes, la mejor solución siempre será subvertir la frase negativa haciéndola positiva ("No es cierto que nunca lo lograré, será difícil pero al final lo haré"). Luego, podemos usar estos trucos para ayudarnos a nosotros mismos o a alguien que amamos implementando comandos positivos inconscientes, con frases como: "Estoy seguro de que tomarás la decisión correcta" o "Eres una persona ingeniosa que siempre sabe cómo encontrar una solución".

Este tipo de comunicación también hace uso de preguntas ocultas, es decir, preguntas planteadas indirectamente, colocadas dentro de una oración, para inducir al interlocutor a responder una pregunta no oficial. Ejemplos de preguntas ocultas pueden ser: "Me pregunto cuánto pagarías por esta casa", "No sé qué presupuesto tenemos", "Todavía no hemos acordado cuándo me devolverás el coche". Como puede ver, inducen al interlocutor a responder, incluso si no son preguntas reales. No son extremadamente difíciles de usar, pero ciertamente son muy útiles en todas aquellas circunstancias en las que nos gustaría hacer una pregunta que tenemos miedo de hacer. Al igual que ellos, también hay comandos ocultos: "Sé que un dolor de cabeza como el tuyo es señal de estrés" o "Me temo que con tu carga de trabajo, hacer menos coffee breaks es más apropiado". En este caso, no son comandos ni órdenes directos, pero aun así logran transmitir el mensaje deseado. Esta técnica, que trabaja a nivel inconsciente, encuentra menos resistencias, ya que la parte racional se supera brillantemente: todo esto es muy útil para orientar a las personas por el camino que preferimos; también funciona muy bien en quienes sufren de mala atención, tienen poco tiempo disponible o son muy resistentes a los estímulos.

Como utilizar la PNL en cada ámbito de la vida

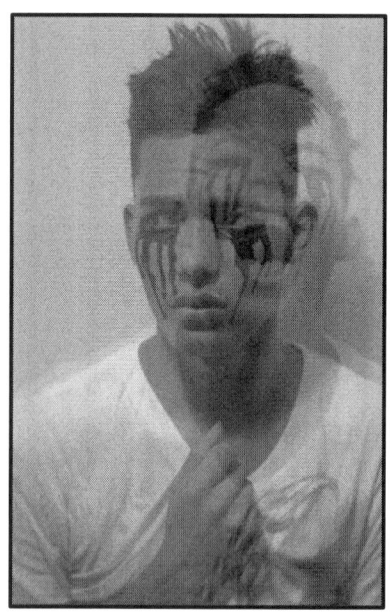

En el capítulo anterior vimos algunas técnicas básicas de PNL, una doctrina extremadamente amplia y multifacética que, sin embargo, garantiza resultados bastante rápidos. De hecho, a partir de la asimilación de estas primeras prácticas, será muy evidente la vigencia en la que se basan sus teorías, que solo requieren una buena cantidad de ejercicio y tiempo. Después de esta primera parte, veamos cómo estas y otras técnicas extremadamente rápidas se pueden aplicar a los diferentes ámbitos de la vida que son, en general, fuente de problemas.

La PNL y la autoestima

En la base de todo está la autoestima, fundamento de todos nuestros objetivos y motor de la existencia humana. Sin ella, no habría metas u objetivos que perseguir y alcanzar, precisamente porque la autoestima se alimenta del peso, de la confianza que depositamos en nosotros mismos. Creer en nosotros mismos es, por tanto, el primer objetivo, pero para hacerlo correctamente es obligatorio trabajar durante mucho tiempo en las propias creencias. Otro modus operandi que no está mal es concentrarse, enfocarse, en un problema a la vez, abordando gradualmente todos los problemas, uno por uno, hasta que sea más fácil manejarlos todos.

Cómo superar las creencias negativas con la ayuda de submodalidades.

Ya hemos visto cómo las submodalidades pueden ayudarnos a reemplazar un pensamiento o recuerdo negativo por uno positivo, alejando el primero cada vez más para ofrecer más espacio al segundo. Si hay algo malo que nos ha pasado que está afectando negativamente nuestro estado de ánimo, bastará con aplicar esta técnica para solucionar la situación.

El primer paso es enfocarnos en el evento negativo que nos está perjudicando, luego nos aseguramos de desviar la atención a algo que no es cierto, como una mentira que nos han dicho o hemos dicho a alguien.

Ahora tenemos que anotar las submodalidades de esta mentira, examinarla, diseccionarla en cada faceta: ¿cómo se representa en nuestra cabeza? ¿A través de imágenes nítidas o borrosas? ¿En color o en blanco y negro? ¿Qué tamaño? ¿Hay ruidos? ¿De qué tipo? ¿Cuál es la sensación que tenemos mientras lo vivimos? ¿Cómo está la respiración? ¿El latido?

Sólo después de haber escrito todo llega el momento de transformar la situación negativa real en mentira, utilizando exactamente las submodalidades que hemos apuntado anteriormente. Aunque pueda parecer una operación compleja y agotadora, en realidad no lo es en absoluto si lo haces todo mientras te diviertes. En poco tiempo, y con un poco de entrenamiento, este evento o sentimiento será completamente suplantado y convertido en mentira.

Como construir mejores creencias usando el Time Line

Es muy probable que parte de nuestra baja autoestima provenga de todos los conceptos erróneos que se nos han inculcado desde la infancia. Si encuentra este problema, no se preocupe: el ejercicio que se ilustra a continuación es la mejor manera de combatirlo.

Pero, ¿cómo puede ayudarnos la línea de tiempo? Si logramos insertar ciertas creencias en nuestro pasado, tendremos la oportunidad de hacerlas más veraces y arraigadas en nosotros, mejorando así nuestra vida.

Primero, pensemos en una nueva creencia positiva que nos gustaría usar para reemplazar una negativa. Tengamos esto en cuenta y usemos el método de la línea de tiempo para volver al pasado, más precisamente a nuestra infancia. Una vez creado ese sentimiento, imagina la voz de alguien que ha representado una influencia positiva en nuestra vida y déjanos darle nuestra convicción, haciéndolo repetirlo varias veces. Una vez hecho esto, volvamos sobre la línea de tiempo para volver al presente, haciendo algunas paradas aquí y allá para ver cómo esta creencia que hemos difundido en el pasado ha sido útil, mejorando nuestras vidas. De vuelta al presente nos beneficiamos de los resultados obtenidos por la convicción, preparándonos para convivir con ella.

Fake it until you make it

La técnica de la que hablaremos en este párrafo toma su nombre de un famoso dicho americano, que se basa en fingir algo hasta obtener el resultado deseado. No es más que un matiz de la técnica del trazado, que hemos observado y aprendido previamente. Si sentimos la necesidad de sentirnos más seguros de nosotros mismos, lo mejor que podríamos hacer sería simplemente seguir el comportamiento de una persona muy segura: hombros abiertos, ojos seguros y una sonrisa decidida en el rostro.

Todo esto es fundamental, además de funcional para nuestra propia autoestima: las personas que nos rodean suelen responder mejor a una actitud de este tipo, por lo que, inicialmente pretendiendo poseerla, recibiríamos una buena dosis de respuestas positivas que nos llevarían a elevar nuestra autoestima, que, en consecuencia, tendría un reflejo en nuestras actitudes, lo que traería nuevas respuestas positivas, en un círculo vicioso que nos ayudaría a mejorar el estado actual de nuestra autoestima.

Y si no estuviéramos lo suficientemente seguros de cómo comportarnos, bastaría con seguir la actitud de una persona que ya tiene confianza en sí misma, hasta lograr un estilo personal.

De todas las técnicas propuestas, esta es sin duda la que menos esfuerzo cuesta y asegura excelentes resultados.

La mejor respuesta siempre es sí

Esta técnica basa su aplicación en la creencia de que el término "sí", aparte de casos raros y excepcionales, tiende a inspirar positividad y confianza. Cada uno de nosotros en el curso de nuestra vida recibe una cantidad desproporcionada de "no", algunos de los cuales son muy difíciles de tragar. Entre otras cosas, ni siquiera podemos controlar cuáles y cuántos "no" recibimos de los demás, pero afortunadamente todavía tenemos control sobre nosotros mismos, y depende de nosotros que tenemos la obligación de seguir diciendo "sí" y seguir dando apoyo. .

Para hacer todo esto, podría ser útil insertar "sí" en el lenguaje que usamos para hablarnos a nosotros mismos, para darnos fuerza y cargarnos de nueva vitalidad. (Ejemplo: "¡Sí, puedo hacerlo!", "¡Sí, estoy seguro de que aprobaré el examen!", Etc.).

Lo que conseguirás será condicionar tu inconsciente para hacerlo más positivo y proactivo, utilizando una sola palabra, sin embargo, capaz de transmitir apertura y optimismo.

Cómo lograr los objetivos establecidos

Hacer una "lista de cosas por hacer" de todas las actividades diarias a realizar y completar podría ayudarnos seriamente a aumentar nuestra autoestima y desarrollar una confianza en nosotros mismos como nunca antes, además de animarnos a ser más productivos. De hecho, posponer determinadas actividades o, más en general, tener asuntos pendientes que no se pueden completar tiende a hacernos sentir como un fracaso, minando considerablemente nuestra autoestima.

El método que acabamos de indicar es muy útil para las actividades diarias, pero para todos los objetivos más difíciles o de largo plazo, ¿cómo hacerlo? La PNL, como siempre, resulta ser la piedra angular también en esta situación. Primero, tratemos de pensar en algo que hemos cumplido con éxito: sumerjámonos en las sensaciones que nos da esta reminiscencia y extraigamos las submodalidades, como hemos aprendido.

En este punto, ¿qué aparece en nuestra mente? ¿Es una imagen o una película? ¿Tiene colores? ¿Y cómo son las guarniciones?

Ahora pensemos en una tarea que tenemos miedo o no estamos dispuestos a completar, visualizando la imagen en nuestra mente. Una vez hecho esto, usamos las submodalidades extraídas antes para modificar la imagen en nuestra mente. Ampliamos la imagen hasta que se convierte en el "protagonista" de nuestros pensamientos y hasta que somos capaces de percibirla como parte de nosotros. Posteriormente, al seguir usando la PNL, ayudamos a nuestro inconsciente a completar lo útil armándonos, nuevamente gracias a las submodalidades, de sensaciones directamente atribuibles a la paciencia, el entusiasmo y la alegría. Inicialmente esta actividad te parecerá poco natural, pero con el tiempo y el ejercicio se volverá cada vez más automática y la pondrás en práctica sin necesidad de prestar atención.

Cómo aumentar la motivación

Una persona motivada es una persona segura de sí misma, porque la motivación representa el motor que mueve la mayoría de las acciones de nuestra vida. Sin la motivación no seríamos capaces de realizar muchas acciones que consideramos fatigosas o molestas, también por ello es fundamental mantenerla siempre alta.

Primero, solo piense en algo que anhelamos o estamos muy motivados para lograr. Como siempre, al hacer esta operación, tenemos en cuenta las submodalidades y tomamos nota. Luego visualizamos en un rincón de nuestra mente una actividad para la que sentimos que necesitamos motivación. Mediante la técnica interruptor, sustituimos la imagen pequeña por la más grande, trazando las submodalidades obtenidas a partir de la imagen de motivación que analizamos al principio.

Como cambiar las emociones propias

Cultivar la autoestima es uno de esos procesos que estamos destinados a llevar a cabo a lo largo de la vida, esto se debe a que cada día constituye un desafío diferente: aprender a manejar las emociones de la mejor manera es el secreto que puede ayudarnos a devolver nuestro inconsciente a la realidad de manera correcta.

Siempre que estemos experimentando dolor, tristeza u otras sensaciones desagradables, sumerjámonos por completo en ese preciso estado de ánimo, de tal manera que no reprima la emoción sino que la enfrente. A continuación damos un paso mental fuera del escenario que nos provoca esas emociones negativas, distanciándonos poco a poco. Alejémoslo de nosotros, como una imagen en la parte superior de una pantalla que se aleja cada vez más, hasta que los detalles ya no son visibles y los colores comienzan a desvanecerse y mezclarse entre sí. Cuando hayamos eliminado por completo la sensación desagradable, será posible reemplazarla por una mejor.

La PNL y las relaciones

Una de las mayores y más graves críticas que recibe la PNL es que considera una doctrina útil solo enseñar técnicas de manipulación mental con las que subyugar a las personas, degradarlas e invalidar las relaciones interpersonales y de cualquier tipo. Evidentemente, se trata de críticas construidas sobre bases falsas que aún denuncian un fuerte desconocimiento sobre los verdaderos objetivos de la Programación Neuro-Lingüística.

Utilizando las más variadas técnicas, este último intenta, en cambio, superar las resistencias superficiales de todo ser humano, trabajando para hacer las relaciones más armoniosas gracias a la eliminación de todo tipo de rigideces y filtros de la mente racional.

En resumen, la PNL no miente y sus técnicas no se han desarrollado para coaccionar a las personas, sino que intentan ayudarlas a construir relaciones más fuertes, felices y comprensivas.

Cómo divertirse

Ya hemos visto cómo las personas que se consideran más atractivas suelen ser las más felices; para que así sea, tenemos que divertirnos a toda costa. Si bien está comprobado que las personas que nos aman con el tiempo aprenden a aceptar incluso nuestras sombras, cuando quieres conquistar a alguien no puedes evitar hacerlo con una sonrisa en el rostro.

Uno de los mayores problemas, sin embargo, está representado por el hecho de que la diversión, como el amor, no se puede forzar ni controlar, porque depende de la situación en la que nos encontremos. También dependiendo de la personalidad de cada uno es posible experimentar más o menos dificultad para divertirse y dejarse llevar. Aun así, estoy aquí para decirles que es posible hacer divertida cualquier situación, una vez que entendemos las submodalidades que controlan nuestro disfrute.

Primero pensamos en algo que nos haga realmente felices o que disfrutemos mucho y, poco a poco, nos deslicemos en ese sentimiento. Una vez hecho esto, lo expandimos, haciéndolo más vívido, ruidoso y lleno de colores, y luego lo hacemos girar dentro de nuestra mente mientras nos infunde alegría. Cuando la sensación se haya vuelto intensa, superpongamos a otra actividad que no queremos hacer de ninguna manera, de forma que asocie esa diversión con esta última.

Cómo renovar el amor

De todas las relaciones interpersonales que los seres humanos tienen la oportunidad de experimentar, el amor es sin duda la más importante. La vida de todos gira en torno a la búsqueda constante de alguien con quien podamos sentirnos dispuestos a pasar el resto de nuestra vida juntos, compartiendo problemas, descontentos, pero también alegrías y satisfacciones.

Sin embargo, algunos factores que no deben pasarse por alto, entre ellos el tiempo y los malentendidos, podrían hacer que incluso las relaciones más sólidas se deterioren, derrumbándose poco a poco, sancionando así oficialmente su fin.

Para estar seguro de no perder a la persona que ama, ese sentimiento de amor mutuo que siente debe mantenerse vivo, pero ¿cómo?

Una idea podría ser pensar en la persona en cuestión, retroceder mentalmente en el tiempo hasta el momento en que acabábamos de descubrir que la amamos, cargando así nuestra mente con todos los mejores recuerdos que compartimos con ella, reservando un ojo para sobre todas sus cualidades que tanto nos habían fascinado y recordando, en general, los sentimientos llenos de positividad que nos brinda el amor que nos ha brindado todo este tiempo. Asegurémonos de amplificar este sentimiento de amor hasta que irradie por todas partes dentro de nuestro cuerpo y mantengamos esta intensidad mientras nos dirigimos hacia la persona que amamos para hablar con ella con el corazón abierto. Teniendo en cuenta estas prerrogativas, es poco probable que la persona en cuestión se resista, sobre todo si las bellas palabras van seguidas de los hechos, trazados directamente por el modus operandi de una persona enamorada y feliz: nos comunicamos con frecuencia y de mejor manera, damos el valor justo a los pequeños gestos que pueden significar mucho, mostrémonos más cariñosos, aceptemos lo que hay en nosotros para cambiar y actuemos en consecuencia.

Cómo sentirse parte del grupo

Aprender a sentirse a gusto entre otras personas es fundamental para conocer y hacer nuevas amistades, quizás para volver a tener una vida social y sentimental. Para lograr todo esto es necesario aprender a utilizar la PNL para contrarrestar la propia voz interior negativa que nos impide ser 100% nosotros mismos.

Primero, pensemos en la última vez que nos sentimos incómodos en una fiesta: tomemos esa imagen y la reducimos mientras quitamos los colores y la difuminamos dentro de nuestra mente. Una vez hecho esto, centrémonos en la voz interior, trabajando de tal manera que sea menos autoritaria, quizás cambiando el tono o la velocidad. Creamos una nueva imagen dentro de nosotros mismos que es capaz de representarnos felices y a gusto, agregando el trasfondo de una voz tranquilizadora que nos recuerda que podemos hacerlo. Usamos esta técnica siempre que nos sentimos nerviosos antes de enfrentarnos a cualquier evento mundano, condicionándonos a presentarnos de la mejor manera.

Cómo hacer nuevas amistades

Uno de los cambios más radicales, que conlleva importantes consecuencias, está representado por la transición fugaz de la niñez a la edad adulta. Probablemente muchos de ustedes, al menos los más extrovertidos y seguros de sí mismos, recordarán con placer la facilidad y sencillez de hacer nuevas amistades, que regularmente resultaron ser nuevas amistades, con niños y niñas de su misma edad. Uno se acercaba sin miedo ni prejuicios simplemente pidiendo unirse al juego en curso, y estaba hecho. Sin embargo, con el tiempo, y sobre todo con la llegada de la edad adulta, esta agradable actividad se ha convertido en un verdadero trabajo, agotador, la mayor parte del tiempo, y que trae consigo resultados realmente pobres. Esto se debe a que a medida que nos hacemos adultos, esta seguridad suele ser reemplazada por dudas, ansiedades, traumas, miedos y prejuicios que nos llevan a ser más introvertidos, tímidos y fríos hacia el otro. Incluso en este caso, sin embargo, la PNL viene al rescate, lo que puede ayudarnos seriamente a recuperar algo de esa seguridad e inocencia perdidas, comenzando a hacernos sentir libres para socializar.

Para hacer esto, el primer paso es recordar algo, cualquier cosa (puede ser un objeto material, una sensación u otra) que deseamos fuertemente. Debe ser algo que nos emocione y haga brillar nuestros ojos. Sumerjámonos en las sensaciones positivas que nos brinda esta cosa y luego reemplacemos en nuestra mente la imagen de lo que queremos con la que nos ve como protagonistas en hacer amistad con alguien en una situación concreta y concreta que podría hacerse realidad. Al condicionar permitiremos que las personas tengan acceso a la mejor parte de nosotros. Si, por el contrario, nos encontramos en una situación social totalmente repentina, solo necesitamos recordar un momento en el que nos sentimos realmente felices y emocionados por algo que amamos. Al igual que antes, tomemos unos minutos para sumergirnos en la sensación de alegría palpable y mantenerla con nosotros para enfrentarnos a las personas con un mejor espíritu, en la forma que solíamos hacer de niños.

Cómo coquetear

Aquellos de ustedes que ya han encontrado el amor probablemente no estarán interesados en este párrafo, pero para todos los demás que se pregunten si la PNL puede ayudarlos a coquetear, bueno, la respuesta es sí. Una vez más viene en nuestra ayuda la mencionada técnica del trazado, para ser combinada con las imágenes de nuestra mente y con las sugerencias que derivan directamente de nuestro inconsciente. Sin embargo, antes de ver cómo proceder, es útil tener en cuenta algunos consejos específicos y prácticos que se deben implementar en cada situación:

1. Evitemos escaparnos de situaciones sociales: el coqueteo es una actividad que se aprende haciendo mucha práctica, por lo que cuanta más gente conozcamos, más fácil será.

2. Siempre tratemos de mirar a la gente a los ojos: generalmente una actitud tímida comunica desconfianza.

3. Recordemos sonreír si es el momento adecuado.
4. Evitamos centrarnos en ser la mejor persona del mundo, lo importante es que el otro se sienta cómodo.
5. Tratemos de ser personas seguras, desinteresadas y agradables, sin esperar nada a cambio: esta actitud nos ayudará a mejorar nuestra vida de muchas formas.

Ahora pasemos a las técnicas de PNL adecuadas para coquetear. Seguramente el más instintivo e inmediato es el de rastrear en busca de rapport: es decir, el intento de imitar el comportamiento del otro, cuando sea apropiado, para hacerlo sentir más cercano a nosotros. Un ejemplo podría ser tomar un vaso para sorber cuando el otro hace la misma acción, o mantener el mismo tono de voz o asentir con la cabeza ante determinadas afirmaciones con las que estamos de acuerdo. Otro tipo de trazas a evitar son en cambio limpiarse la boca con un pañuelo cuando el mismo gesto también lo realiza la otra persona, levantarse o sentarse cuando el mismo acto afecta también al otro y, más en general, imitar o imitar. copiar completamente las expresiones faciales del interlocutor. Una vez hecho esto, centrémonos en la imaginación y asegurémonos de visualizar, dentro de nuestra mente, un acercamiento hipotético hacia la persona que nos interesa y luego ser rechazados, reaccionando, sin embargo, a este rechazo con la cabeza en alto porque estamos seguros de nosotros y feliz de haberlo probado. De esta forma estamos transmitiendo un mensaje contundente a nuestro subconsciente: no importa cómo vaya, porque estará bien en cualquier caso. Todo esto se asegurará de prevenir ansiedades, actitudes de auto sabotaje y timidez que simplemente nos obstaculizarían. Luego imaginamos un final más optimista, que representa a la otra persona inclinada favorablemente a nuestra relación, y luego nos sumergimos en ese sentimiento positivo. Una vez llenos de confianza y positividad, damos el arduo paso pero siempre teniendo en cuenta que pase lo que pase, aunque lo haya intentado ya se considera un éxito.

La PNL y el bienestar

Como hemos visto, la PNL, si se aplica correctamente, realmente puede ayudarnos en cualquier área de nuestra vida y nuestra salud psicofísica debe estar siempre en primer lugar entre las áreas a controlar. En este nuevo capítulo no hablaremos del aspecto físico, sino de la salud de tu cuerpo, útil para vivir una vida más sana, más activa, feliz y llena de satisfacciones. Para que esto sea posible, debes cuidar tu cuerpo hidratando, haciendo ejercicio y comiendo alimentos saludables y nutritivos. En momentos de estrés, todo esto puede parecer una enorme cantidad de trabajo, imposible de gestionar y sin embargo, gracias a la PNL, hacer malabares entre nutrición y entrenamiento ya no supondrá un esfuerzo.

Entrenamiento

La actividad física es generalmente la actividad que puntualmente se pospone o evita más que cualquier otra y la motivación no es tan sencilla de entender: todo esto nos cuesta esfuerzo, tiempo, esfuerzo y, en el caso de deportes complejos, incluso un gasto no indiferente al dinero. Sin mencionar que no puede garantizarnos resultados inmediatos. **¿Cómo, entonces, es posible establecer una buena relación con la actividad física, evitando aplazarla en el tiempo?**

La respuesta es más sencilla de lo esperado, porque bastará para que sea una actividad consolidada y rutinaria dentro de tu día (un poco como otras actividades que realizamos habitualmente como hacer la cama, lavarnos, etc.) , de esta forma no nos sentiremos obligados a hacerlo. En primer lugar, debe crear la cantidad adecuada de deseo y entusiasmo por la actividad física, similar a la que sentiríamos por una actividad mucho más agradable, como un viaje o un concierto. Para ello conviene utilizar el lenguaje para transmitir el mensaje correcto a nuestro inconsciente. **Términos como "debo", "no puedo no hacer" o "por qué, si no, engordo", que dan a la actividad física ese horrible significado negativo que elimina inexorablemente las ganas de realizarla, deben evitarse categóricamente.** En cambio, palabras como

"Quiero", **"No puedo esperar"**, **"Estoy a punto de"** o **"Me gustaría"**: todos términos extremadamente positivos que inmediatamente nos harán más optimistas sobre el entrenamiento, lo que nos hará irnos con la carga adecuada. También **utilizamos estos términos positivos durante el entrenamiento, para aumentar la sensación de bienestar**. Frases como "Me estoy divirtiendo mucho", "Estoy fortaleciendo mi cuerpo", "Estoy lleno de energía", si lo piensas durante la actividad física, tienen el beneficio de mantener el espíritu y el estado de ánimo elevados.

Alimentación

Como ya hemos mencionado al inicio de este capítulo dedicado al bienestar psicofísico, comer sano es sumamente importante, pero no debe convertirse en una fijación: quitarse algunos caprichos, sin olvidar la conciencia y la moderación, es bueno para el estado de ánimo y no perjudica al cuerpo. Muchas veces por culpa de esta sociedad que constantemente nos ofrece propuestas de alimentos poco saludables, es muy difícil saber parar en el momento adecuado o tomar la mejor decisión para nuestra salud, cuando se trata de nutrición. En todas aquellas situaciones en las que sabemos que podemos exagerar con la comida chatarra, o si anteriormente hemos tenido una semana de comidas pesadas, pero nos encontramos nuevamente en una encrucijada, aquí es que la PNL puede ayudarnos a tomar la decisión correcta y sacar lo mejor de nosotros mismos. A partir de ahora, cada vez que nos enfrentamos a una elección poco saludable, intentamos cerrar los ojos y usar la línea de tiempo para avanzar hacia el futuro e imaginar el efecto que ciertos alimentos no saludables tendrán en nuestro cuerpo.

Por ejemplo, suponga que se comió tres galletas de crema y quiere una cuarta aunque ya no tenga hambre. Cerremos los ojos y tratemos de imaginarnos adelante en solo cinco minutos: ¿qué nos causará esa galleta extra? Podría dañarnos lo suficiente como para hacernos sentir náuseas o podría dejarnos con un mal sabor de boca. Y si todo esto no ha tenido el efecto deseado, motivándonos a dejar esa cuarta galleta en el plato, repetimos la operación, avanzando en unas horas, hasta llegar a nuestra digestión. ¿Cómo lo imaginamos? Sin duda podría resultar mucho más pesado y difícil de lo normal. ¿Sigue habiendo un sentimiento de incertidumbre? No hay problema, vayamos un año más adelante, imaginando lo que pasaría si seguimos exagerando. ¿Cómo podríamos definir nuestra salud en ese momento? ¿A qué nivel estarían nuestros valores sanguíneos? Seguimos en este camino y avanzamos todos los años que se necesiten, sumergiéndonos de lleno en el futuro que nos espera, hasta que el deseo de tomar la decisión más sabia para nuestra salud supere la tentación. Al igual que todos los demás ejercicios de PNL, este también requiere mucho tiempo y práctica para que sea lo más natural posible.

Algunos hábitos saludables a tener en cuenta para estar siempre en forma, saludable y enérgico: recuerde comer lo más saludable posible (frutas, verduras, cereales integrales, frutos secos, legumbres, pescado, carnes magras y pocos lácteos); recordemos beber mucha agua y limitar el consumo de alcohol, azúcares, embutidos y frituras; tratamos de consumir las porciones adecuadas y hacer actividad física regular, además de dormir un mínimo de siete horas por noche.

La PNL y el estudio

El estudio representa un paso fundamental para poder alcanzar determinados objetivos y, en consecuencia, aspirar a toda una serie de profesiones con fundamentos académicos que de otro modo no serían accesibles. Estudiar en sí mismo puede considerarse una operación simple, casi automática; Sin embargo, en una sociedad donde la multitarea está vigente como la actual, donde los estudiantes a menudo se ven obligados a improvisar como trabajadores para hacer frente a las muy precarias condiciones económicas, seguir con éxito una carrera académica se ha vuelto cada vez más difícil. Para potenciar la propia carrera es necesario saber organizarse mejor, afrontando el estudio y los exámenes mostrando la actitud adecuada y estudiando aplicando el método más correcto.

Cómo superar exámenes y test con éxito

Antes de comenzar a leer este párrafo, es urgente aclarar un concepto básico: no se puede aprobar ningún examen sin un estudio y un conocimiento más profundo y específico de la materia en cuestión. Ningún tipo de técnica como rapport, tracing o interruptor podría salvarnos de no haber estudiado. ¡Pero no nos desesperemos! De hecho, la PNL puede ser útil de otras maneras, al dorar la píldora de tal manera que haga una prueba más fácil y rápida, lo que nos facilitará aprobarla con gran éxito.

La principal herramienta a utilizar en esta coyuntura es la visualización: en lugar de crear imágenes de pánico en nuestra mente en las que nos imaginamos sin respuestas, la noche antes de un examen intentamos dormirnos con la imagen de nuestro éxito, transmitiendo el mensaje correcto. a nuestro inconsciente. No olvidemos el poder de la mente, que tiende a hacer realidad todas nuestras propias profecías. Por eso es bueno condicionarlo positivamente y no negativamente. Una vez hecho esto, intentemos rastrear lo que haría una persona segura de sí misma durante un examen: preguntémonos cómo nos comportaríamos si no fuéramos tan inseguros con nuestro estudio, o preguntémonos cómo caminaríamos, qué expresión tendríamos en nuestro rostro o qué tono de artículo que usaríamos.

Intentamos visualizarnos llenos de confianza mientras respondemos todas las preguntas que nos hemos hecho, y luego partimos con ese pensamiento bien anclado en nuestra cabeza. No olvidemos usar las palabras correctas, incluso en esta coyuntura: "Estoy a punto de aprobar el examen", "Me siento listo para aprobar este examen", "Estoy feliz de realizar este examen y aprobarlo". Por último, tratamos de comportarnos de esta manera ya cuando nos estamos preparando para el examen, para no perder demasiado tiempo cargándonos con la cantidad justa de optimismo.

Cómo estudiar de forma responsable

El estudio, al igual que en el ámbito laboral, representa una responsabilidad que conviene tomar con la mayor seriedad posible, así como de forma adulta. No se considera un pasatiempo ni una broma, por lo que es necesario trabajar duro, llegando incluso a renunciar al entretenimiento, las diversiones diversas y una cantidad conspicua de horas de sueño. Algunas personas nacen naturalmente inclinadas a asumir responsabilidades: ellas, sin ningún esfuerzo aparente, logran ponerse manos a la obra y tomar las decisiones adecuadas, renunciando sin esfuerzo a las distracciones. La mayoría de las personas, por otro lado, necesitan la ayuda adecuada para poder encontrar la motivación para ser responsables. Y es precisamente aquí donde entra en juego la PNL, que representa y resulta en la mejor alternativa a un estudio que también sería improductivo.

Primero que nada es útil recordar que, cuando no queremos hacer algo, nuestra mente tiende a pintarlo de la peor manera. Para superar el escollo del estudio responsable, este mal hábito debe acabar. Para hacer todo esto, tratamos de imaginarnos frente a una intensa velada de estudio. El trabajo a realizar es visualizarnos lo más felices y motivados posible mientras estamos en los libros o tomando notas con interés y dedicación. La "película" que empezará en nuestras cabezas debe ser acogedora e interesante, así que evitemos representarla como una tragedia, porque el pesimismo no nos ayudará. Luego tratamos de hacer agradable la situación: elegimos una habitación cálida y acogedora para estudiar, optamos por ropa cómoda, colocamos a nuestro lado una taza de infusión (o té) de hierbas caliente o una jarra de una bebida fría que nos guste, (como bebida es completamente irrelevante) y elegimos una música de fondo relajante y no invasiva, si queremos.

Antes de comenzar y llegar al corazón del estudio, démonos incentivos para reconciliarnos con nosotros mismos: por ejemplo, cada diez páginas memorizadas, podemos aprovechar la posibilidad de levantarnos de la silla para estirar las piernas y quizás jugar cinco minutos con nuestra mascota. No dejemos de lado el sentido de urgencia y deber: no olvidemos que no podemos hacer más que estudiar, porque pretendemos alcanzar nuestra meta; también nos encanta el hecho de que estamos aprendiendo algo nuevo minuto a minuto y estamos más que felices con nuestra elección de estudios.

Algunos consejos para estudiar correctamente: procurar llegar siempre preparados para la sesión de estudio (no se trata simplemente de tener un espacio que nos invite a estudiar, sino también de imaginarnos dispuestos a hacerlo); En cuanto a los conceptos fundamentales, es bueno memorizar no solo el concepto en sí sino también su ubicación en la hoja o libro donde lo hemos leído, subrayado e indicado, esto es porque nuestro inconsciente tiende a recordar las rarezas con mayor facilidad; tratamos de insertar muchos términos positivos en el discurso que constituirá nuestra repetición: así preparamos nuestro inconsciente para interiorizarlos; y finalmente, para comprender y recordar conceptos extremadamente complejos utilizamos mapas para ser visualizados para facilitar la memorización en su totalidad: solo así podremos traerlos a la mente para reelaborar el concepto.

2.5 La PNL y el trabajo

Entre todas las satisfacciones personales que podemos obtener, las laborales se encuentran sin duda entre las más importantes, esto se debe a que, en general, representan la realización de meses o incluso años de arduo trabajo y porque, la mayoría de las veces, traen consigo una considerable gratificación económica. , así como por la trivial razón de que el trabajo ocupa un tercio de nuestro tiempo cuando estamos despiertos. A menudo, sin embargo, el trabajo puede convertirse en una causa de estrés y traer consigo numerosos problemas como ansiedades de desempeño, peleas, injusticias, que simplemente constituyen una pequeña parte de las dificultades laborales que nos vemos obligados a enfrentar a diario. Obviamente, con las técnicas adecuadas de PNL será posible superar todo esto y disfrutar de la belleza del trabajo.

Como tener entrevistas de éxito

Ya sabes: el primer paso para conseguir un determinado trabajo es dar una buena impresión a través de una entrevista excelente y exitosa. El secreto de una gran entrevista de trabajo es parecer competente y seguro, dos habilidades que, si no las tienes, tendrás que aprender. Por supuesto, también es muy importante saber hacer el trabajo, pero la realidad del asunto es que muchas veces detrás de la obtención de un puesto de trabajo, sobre todo si es importante, se esconde el espectro de la apariencia. Presentarse a una entrevista de trabajo es cuestión de apariencia: vestirse adecuadamente, mirar a los ojos a su interlocutor, responder cortésmente y ser puntual son consejos tan buenos como banales. Y es por ello, para no caer en las banalidades y los "ya escuchados" que pronto veremos cómo aplicar la PNL a este ámbito tan concreto.

En primer lugar, antes de cada entrevista de trabajo intentamos recordar la última ocasión en la que nos sentimos seguros, decididos y, en general, personas exitosas. Esta operación se debe hacer de inmediato: desde el primer momento en que se anuncia la cita relativa a la entrevista, hasta la víspera del día señalado, de manera que no se pierda el tiempo y se avance con entusiasmo y 'optimismo. Una vez hecho esto, tratamos de imaginar la entrevista del día siguiente, visualizándola en nuestra mente, aplicando las mismas modalidades que usaríamos para un recuerdo: percibimos la confianza en nosotros mismos y la tranquilidad de quienes son conscientes de que tendrán éxito.

Es bueno repetir este ejercicio con frecuencia, para que el mensaje pase alto y claro a nuestro inconsciente: la entrevista será un éxito. Unos momentos antes de ir a la entrevista intentamos cerrar los ojos por última vez, sumergiéndonos por completo en la sensación de seguridad.

Enfrentarnos a una entrevista de trabajo con este puesto y con este espíritu solo nos hará dar, al menos, una buena impresión al empresario, aumentando exponencialmente las posibilidades de ser posteriormente seleccionados.

Cómo asegurar el éxito

Un método de entrevistas exitosas es, por supuesto, seguir a alguien que tenga éxito. Probablemente cada uno de nosotros conozca a ese colega sumamente popular, que no parece tener ningún tipo de problema en la gestión de sus tareas y objetivos, que es capaz de cumplir perfectamente con cualquier tipo de plazo y que parece llevarse bien con cualquiera, procediendo su ascenso personal hacia el éxito sin tropezar. En lugar de envidiarlo, tratamos de aprender de él, tomando una señal para poder, al menos, fingir ser personas exitosas. Manteniendo un cierto respeto y aprovechando la delicadeza, intentamos, en primer lugar, estudiar al máximo a esta persona: prestamos atención a cómo se mueve, cómo habla y cómo maneja situaciones y personas. Cuando hemos desarrollado cierta familiaridad con este individuo, creamos en nuestra mente una película de esta persona mientras intenta hacer algo con éxito. Este video debe ser realista y detallado, así que para hacerlo nos aseguramos de tomarnos todo el tiempo que necesitemos.

Una vez hecho esto, intentamos adentrarnos, mediante el uso de la mente, en el cuerpo de esta persona, de tal manera que experimentemos la película sobre él en persona, así como realizar esas mismas acciones personalmente. Practiquemos haciendo esto a menudo, hasta que nos sintamos completamente cómodos en la película. Una vez que hayamos alcanzado la confianza que tanto necesitamos, podremos practicar lo que le hemos visto hacer de la misma forma (por ejemplo, si lo hemos imaginado haciendo una presentación exitosa, hagamos lo mismo), para obtener el mismo resultado.

Cómo planificar un proyecto

La primera operación a realizar, para planificar un proyecto y llevarlo a cabo con éxito, es "dividirlo" en muchos pequeños pasos, mucho más accesibles y manejables.

Para hacer todo esto es sumamente importante motivarnos: en este sentido, tratemos de imaginar la sensación que experimentaremos cuando el proyecto esté terminado y se haya completado. Entonces, sumerjámonos de lleno en ese sentimiento de alegría y satisfacción, resultado de la completitud del proyecto. Intentemos también imaginar cómo planificaremos las celebraciones posteriores, para luego cargarnos de alegría y motivación.

Ahora, sin embargo, demos un paso atrás y preguntémonos cuál es el único paso que nos separa de nuestro éxito. Después de encontrarlo, escribámoslo y fijemos una fecha. Tomando un ejemplo y, por tanto, suponiendo que tenemos que organizar un importante evento laboral, intentamos imaginarnos ubicados en un horario muy concreto, tal vez por la noche, al final del evento, mientras estamos decididos a brindar con los compañeros y escuchar los cumplidos de nuestro jefe.. ¿Cuál sería la actividad previa a las celebraciones en esta coyuntura? Quizás podría ser para saludar y agradecer a los últimos invitados. Y de nuevo, ¿cuál es la acción previa a este último? Probablemente guarde todo el material promocional.

Este proceso de retroceso es importante y hay que repetirlo constantemente, hasta volver al punto de partida: solo una vez que lleguemos a este punto tendremos un plan bien elaborado y bien pensado, construido ad hoc a través de sensaciones de éxito y alegría, lleno de actividades motivacionales y exitosas.

La PNL y el marketing

Hasta ahora hemos visto cómo explotar las técnicas de PNL principalmente en nosotros mismos, para mejorar nuestra existencia. Sin embargo, en los últimos años la PNL también ha comenzado a aplicarse a numerosas estrategias de marketing y ventas, un sector que está cada vez más en auge, tanto es así que ha de dedicarle un capítulo aparte.

Cómo utilizar palabras clave

Siempre que nos veamos obligados a vender un servicio, una idea, un proyecto o un bien, debemos comunicarnos correctamente desde el principio: quienes reciben una propuesta suelen tener prejuicios contra nosotros y es nuestra tarea específica asegurarnos de que derriba ese muro de desconfianza que se nos presenta y nos impide un buen resultado. Para ello, puedes recurrir al uso de preguntas abiertas, frases como: **"¿Qué te gustaría encontrar en este producto?", "¿Cuáles son tus necesidades comerciales?", "Generalmente que es lo que te convence en la oferta de un producto/servicio"**, que tienen la capacidad de suavizar al interlocutor, obligándolo a concentrarse en otra cosa mientras lo colocamos en el centro de la conversación.

La mayoría de las veces, las personas tienden a responder estas preguntas de una manera completamente honesta, además, las respuestas que recibamos podrían ayudarnos a delinear de manera más efectiva los términos a usar durante la exposición, para rastrear sus deseos. . Todas estas terminologías, cuando son pronunciadas por nuestro interlocutor, están cargadas de sentimientos positivos (precisamente porque la persona en cuestión nos está comunicando lo que necesita o lo que le gusta), por lo tanto cuando las repetimos traerán consigo los sentimientos antes mencionados, haciendo el comprador potencial más predispuesto a escuchar.

En resumen, para vender algo es necesario preparar una presentación bien hecha del bien / servicio / proyecto, que luego se personalizará teniendo en cuenta las necesidades específicas del interlocutor.

Cómo y qué errores evitar

Más a menudo de lo que pensamos, sucede que hacemos todo lo correcto, logrando mantener las actitudes correctas, pero aun así no obtenemos los resultados deseados. Esto sucede porque nos enfocamos solo en qué hacer y nunca en los errores a evitar: no olvidemos que incluso una pequeña estupidez podría revertir un resultado previamente positivo, sin ni siquiera avisarnos.

Uno de los principales errores a evitar es ciertamente no hacer una lista de los temas que se van a tratar: a menudo sucede que nos olvidamos de brindar un resumen de lo que vamos a hablar con el oyente, excluyéndolo, al menos parcialmente, de la conversación, porque no está involucrado o está desorientado; además, no dar un resumen nos impide seguir el esquema inicial junto con el público que nos escucha.

Incluso debe evitarse dar demasiada información de una sola vez, esto porque confundir a nuestro interlocutor solo aumentará su desconfianza y desconfianza hacia nosotros; lo más prudente sería dar poca información importante, pero precisa. Más detalles solo si se solicitan explícitamente.

Otro error ciertamente es no parecer demasiado confiado o entusiasmado con lo que está haciendo, esto se debe a que para persuadir debe necesariamente creer en lo que está diciendo y, por lo tanto, tener confianza en sí mismo y en su potencial. Hablar por la máquina sin pausa y negar al otro la oportunidad de intervenir o hacernos preguntas nos hará parecer nerviosos y neuróticos, sin mencionar que el diálogo es, en general, una oportunidad para crear acuerdos y alianzas.

Ejercicios prácticos de PNL

Utilizar una revista (o un libro, una historieta o cualquier otra cosa): para potenciar la creatividad y el aprendizaje.

¡Pero ten cuidado! Porque tienen que ser revistas o libros que nunca leerías. Tomando conciencia de esto y decidiendo intentar leerlos, descubrirás y adquirirás nuevas ideas, conexiones, conexiones y puntos de vista. Todo esto prueba que, muy a menudo, un estímulo del exterior tiene la capacidad de activar (o reactivar) la propia creatividad.

Leer algo para encontrar nuevas ideas es bastante simple: toma un resaltador, ármate con un cuaderno y comienza a leer. Trate de no insistir en lo que llamará su atención de inmediato o en lo que será automáticamente o inmediatamente interesante. Asegúrese de leer todo, en su totalidad, sin omitir ninguna parte. Y mientras lee, hágase preguntas como: "¿A qué me recuerda esto?", "¿En qué me hace pensar esta otra persona?", "¿Cómo se relaciona lo que estoy leyendo con mi situación, mi problema o a mi objetivo? "," ¿Cómo podría poner en práctica lo que estoy leyendo? "," ¿Cómo podría usar esta información?", "¿Puedo beneficiarme de ella o aprender algo leyendo las experiencias o sugerencias en este artículo / libro? ".

Obviamente, las que acabo de mencionar son solo algunas de las muchas preguntas que una persona puede hacerse mientras lee algo, pero estas son las básicas para comenzar a poner en práctica este nuevo enfoque. Intente embarcarse en este nuevo viaje creativo abriendo su mente pero manteniéndose firme en un objetivo o problema específico, y luego vea qué ideas aleatorias ha podido generar su creatividad.

La PNL y anclaje, cómo ser capaz de replicar cualquier estado mental.

Como ya se ha explicado ampliamente, cuando hablamos de anclaje nos referimos a esa técnica específica de PNL que nos permite retener (o mejor dicho, "anclar") cualquier estado mental, sonido, imagen o recuerdo que queramos, cambiando nuestra vida para mejor. En el campo de la Programación Neurolingüística, "ancla" significa una representación mental específica que es capaz de desencadenar otra a su vez. Por ejemplo, el término "café" trae a la mente de inmediato toda una serie de ciertas imágenes, ciertos sonidos y olores. Esto es lo que se entiende por ancla en el lenguaje de la PNL (obviamente, podría haber habido cualquier otra palabra en lugar de esa palabra). Es completamente obvio que las anclas pueden operar a cualquier nivel sensorial (oído, tacto, vista, olfato, gusto), como los recuerdos que un determinado alimento o sonido o prenda de vestir pueden evocar en ti.

Lo que se acaba de describir, aunque sea brevemente, es lo que se llama anclaje involuntario. Aquí, sin embargo, veremos cómo explotar la técnica de PNL con respecto al anclaje voluntario. Para poner en práctica la técnica inherente al anclaje voluntario debes, ante todo, repensar una experiencia agradable, positiva o divertida que hayas vivido en persona, recordando en detalle lo que has visto, escuchado o percibido. A medida que las sensaciones que experimentará aumentan de intensidad, apriete el pulgar y el índice de la mano izquierda juntos, suavemente y durante unos momentos. Luego asegúrese de interrumpir abruptamente este estado mental (tal vez recordando algo más, por ejemplo, lo que comió en el almuerzo), y luego devuelva su atención allí, apretando el dedo índice y el pulgar nuevamente, recuperando ese estado mental. Para aprovechar al máximo el anclaje aplicado a la PNL, es importante esforzarse por recordar con precisión la experiencia que desea revivir, tratando de hacerla lo más vívida posible en su mente. De esta forma, cuando te sientas triste, simplemente activa tu ancla personal para sentirte mejor de inmediato.

Esta técnica que acabamos de describir es, en efecto, una técnica tan simple como poderosa, que le permite acceder a los estados y recursos mentales que desee, cuando y donde lo prefiera. El uso del índice y el pulgar es simplemente un ejemplo de ancla táctil, pero se puede utilizar cualquier otro método (como el auditivo).

Encontrar soluciones creativas a través del uso de la pregunta "¿y si...?"

Esta técnica le permite encontrar soluciones creativas a sus problemas, pero para que esto funcione, necesita saber cuándo mirar en nuevas direcciones.

Uno de los métodos más utilizados es el que permite elaborar sistemáticamente una lista de términos, principalmente adjetivos, útiles para crear escenarios imaginarios que respondan a la pregunta "¿Y si...?". El proceso particular consiste en hacer la pregunta "¿Y si esto fuera...?", Seguida de un adjetivo tomado de la lista. "Esto" representa el problema en el que está trabajando o la situación actual que está experimentando. Al utilizar esta técnica, siéntase libre de crear su propia lista de palabras, eligiendo adjetivos, expresiones descriptivas y cualquier otro término que pueda cambiar la perspectiva desde la que está analizando ese problema o situación en particular.

Como ocurre con la mayoría de las técnicas de resolución de problemas, es esencial poder permitir que las ideas fluyan dentro de la mente sin que existan prejuicios iniciales que las obstaculicen. Trate de no sofocar el proceso creativo, tome notas y experimente, aprovechando al máximo todas sus soluciones creativas.

Cómo aprender a cultivar los sueños y a olvidar la interpretación convencional.

Si quieres mejorar tu creatividad, liberando así el potencial real de tu mente, este es el ejercicio adecuado para ti. En el siguiente párrafo también descubrirás por qué debes olvidarte de la interpretación convencional de los sueños, aprender a cultivarlos y descubrir por qué es tan importante hacerlo.

Empecemos diciendo que es de fundamental importancia poder prestar la debida atención a los propios sueños, no solo a los de la noche, sino también a los que tenemos con los ojos abiertos durante el día. Todo ello porque la mente es la protagonista directa involucrada en el procesamiento activo de toda la información y sensaciones que se procesan. Generalmente, los sueños involucran cada vez más sentidos al mismo tiempo, lo que ayuda a crear una experiencia perceptiva decididamente detallada, en comparación con la realidad, donde tendemos a enfocarnos solo en un par de sentidos. Por si fuera poco, los sueños tienen la tarea de proporcionarnos información valiosa sobre nuestra vida, a menudo transmitida de forma simbólica u oculta. Además, los sueños se dividen en secuencias, aunque estas últimas se organizan a nivel emocional más que lógico. Se basan en una amplia gama de conexiones inconscientes, asociativas y creativas. Siempre que sueñes, incluidas las veces que lo haces con los ojos abiertos, sería bueno que adquieras el hábito de reproducirlos en la mayor medida posible en tu mente, antes de que los eventos relacionados con el día se superpongan. Intente revivir la historia del sueño, prestando atención a las acciones, imágenes, sensaciones y toda otra información importante.

Dejando brevemente todos los libros sobre psicología e interpretación de los sueños, aquí conviene precisar que los sueños no pueden tener un significado objetivo o universal, ya que es intrínseco a la psicología del soñador. Precisamente porque provienen de un área inconsciente de la mente, donde se guardan sentimientos, vivencias e imágenes, los sueños son inequívocamente personales y su significado tiene un significado solo para el soñador. Representan otro método de procesamiento adoptado por la mente, muy diferente al que pone en práctica el área consciente, por esta razón funcionan de manera diferente al pensamiento consciente.

Al prestar atención a los sueños y cultivarlos, aprenderá a familiarizarse con ellos, pudiendo aprovechar en gran medida una gran cantidad de recursos mentales, utilizando mucho más de lo que tiene disponible. Los sueños representan un recurso extremadamente infinito, así que ¿por qué no utilizar su potencial?

Lo más adecuado, en resumen, sería prestar atención a los sueños nocturnos (acostumbrándose a anotarlos al despertar, tal vez) y cultivar voluntariamente los de ojos abiertos, de manera que se aproveche todo el potencial oculto de la parte inconsciente. De la mente. A diferencia de los sueños nocturnos, que se desarrollan espontáneamente, aquellos con los ojos abiertos pueden ser estimulados creando específicamente las condiciones más adecuadas. Soñar despierto es una actividad que te permite escapar de la realidad y relajarte. Este tipo de sueños pueden ser visiones de futuro que inspiran y ayudan al soñador a realizar sus deseos, o pueden, sin saberlo, aportar soluciones a problemas aparentemente irresolubles, o, de nuevo, animar a involucrarse con nuevos inventos y posibilidades creativas. El secreto para soñar despierto es asegurarse de estar en el estado mental adecuado. Si bien son en su mayoría abstractos, es posible hacer realidad los sueños creando y cambiando sus estados mentales. En primer lugar, es útil preguntarse si existen determinadas circunstancias que llevan a soñar despierto y, de ser así, es necesario identificarlas (por ejemplo, algunas personas sueñan más despiertas mientras caminan, otras mientras hacen ejercicio, otras mientras miran al cielo, etc.).

Por tanto, es importante poder encontrar tu propia experiencia que facilite la actividad de soñar despierto, y luego usarla regularmente para recrear esas mismas circunstancias en tu mente.

Cómo mirar atrás para seguir adelante

Reflexionar sobre los años pasados, sopesar los éxitos y los fracasos, y en general mirar hacia atrás en el tiempo, puede ayudar seriamente a comprender qué funcionó y qué no, así como también permitirle comprender qué se puede mejorar.

Al final de otro año, tómate un tiempo para reflexionar sobre los años pasados, evaluando honestamente los resultados obtenidos, los éxitos alcanzados y los fracasos recogidos. A menudo es útil celebrar el pasado para dar la bienvenida a un nuevo año con mayor espíritu.

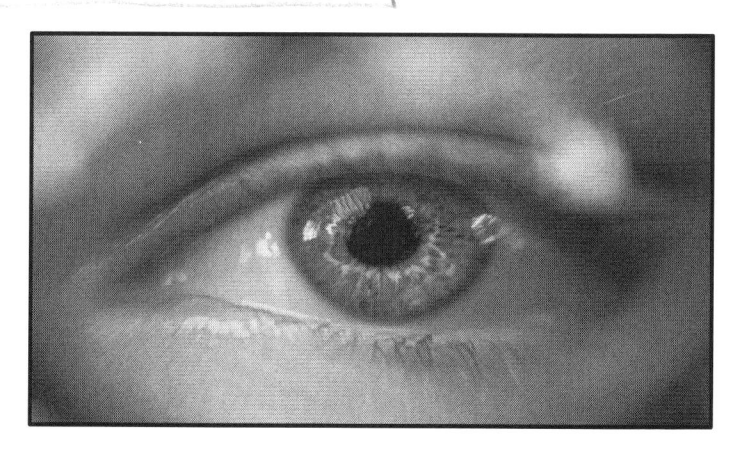

Mirar hacia atrás le ayuda a comprender con precisión qué funcionó y qué se puede y debe mejorar. Es posible que algunos problemas se hayan mantenido completamente sin cambios y que sigan repitiéndose año tras año. A medida que avanzamos hacia un nuevo año, no debemos olvidar el pasado revisando nuestras prioridades. En última instancia, es una cuestión de perspectivas, que a veces es necesario reevaluar. Tarde o temprano, todos en la vida se encuentran experimentando dolor, tristeza debido a oportunidades perdidas y malas decisiones; lo importante es entender y aceptar que estos no son los que definen tu vida, sino lo que has tenido la suerte de aprender en el camino y la determinación que has adquirido para hacerlo cada vez mejor. Siempre trate de captar las cosas positivas que la vida tiene para ofrecer y siga adelante. Si cuidas adecuadamente su bienestar físico, mental y espiritual, no tiene nada de qué culparse. Si te tomas un tiempo a solas para disfrutar de la paz y la tranquilidad, contemplando la belleza, la bondad y la suerte de la vida, tienes la conciencia tranquila. El estrés es un problema para quienes viven vidas ocupadas, buscando constantemente tal o cual éxito material. Evalúe sus niveles de estrés en los últimos años y cómo permite que el estrés afecte su salud, relaciones, carrera, familia y toda su existencia. Algunas personas pierden el tiempo persiguiendo sueños esquivos.

Pregúntese cuánto tiempo ha pasado desde que estableció esa meta inalcanzable y luego pregúntese si no ha llegado el momento de reevaluarla. Recordemos que los tiempos cambian constantemente, cerrando el acceso a algunas rutas solo para asegurarnos de abrir nuevos caminos.

No se quede atascado en algo que pierde valor y belleza con el tiempo. No dejes pasar tu vida sin antes haber logrado algo positivo y significativo. Mire hacia atrás con honestidad, pero luego tenga la capacidad de dejar atrás el pasado y encuentre la fuerza para finalmente seguir adelante.

Incentivar la consciencia para reconocer el poder de la mente

Algunos ejercicios destinados a desarrollar la conciencia te permiten dejar de lado las distracciones para que la mente pueda funcionar con mayor eficacia. Por tanto, el siguiente ejercicio le ayudará a pensar con más claridad y a concentrarse mejor. El ejercicio consiste en sentarse, relajarse y respirar profundamente por la nariz. Asegúrese de cerrar los ojos y concentrarse en su propia respiración. Después de un minuto, dirija su atención al cuerpo, analizando una parte a la vez, y a las sensaciones de calor, frío, dolor y cualquier otra cosa que pueda sentir. Luego, escuche los sonidos que le rodean sin pensar demasiado. Cuando lo considere oportuno, abra los ojos y mire a su alrededor como si lo estuviera haciendo por primera vez. Concéntrese en un objeto durante medio minuto y examínelo sin dejar que ningún pensamiento fluya por su mente. Luego cambie su atención a otro objeto, siempre manteniendo la conciencia de su cuerpo, su respiración y los sonidos circundantes. Así que permanezca en este estado hasta que se sienta listo para levantarse.

Tomar conciencia de su cuerpo, su respiración y el entorno que lo rodea le permite "vivir el momento" de una manera más plena y satisfactoria. La mente se coloca en un estado mucho más receptivo de lo normal, eliminando casi por completo las distracciones que generalmente le impiden pensar con claridad.

Realizar un ejercicio de este tipo antes de dedicarse a importantes actividades mentales otorga mayor concentración y enfoque a la mente.

Cómo los juegos de resolver problemas pueden darnos una mano

Los juegos de resolución de problemas son una excelente manera de entrenar tu cerebro, inventar cosas nuevas y desarrollar ideas creativas mientras te diviertes. Algunas de ellas pueden dirigirse en grupo, logrando estimular a todos los participantes con ideas realmente innovadoras y creativas. Al mismo tiempo, estos juegos son especialmente adecuados para viajes largos en coche o incluso para entretener a los niños.

El objeto casual

Esta técnica particular de resolución de problemas puede conducir al desarrollo de ideas bastante rentables.

Para comenzar, un miembro del grupo tendrá que mirar por la ventana, o tendrá que mirar dentro de la habitación, eligiendo un objeto al azar. No hay limitación con respecto a los objetos: puede ser una piedra al costado de la carretera, pero también la rama de un árbol, un automóvil o cualquier otra cosa. Posteriormente, el objetivo del juego es que todos los participantes imaginen cómo podrían ganar explotando el objeto elegido.

Suponiendo simplemente, una señal de tráfico podría convertirse en un espacio publicitario, los árboles podrían venderse puerta a puerta y el automóvil tendría cien usos diferentes. Obviamente no hay ganadores ni perdedores en este tipo de juegos, solo representa una gran oportunidad para dar rienda suelta a la imaginación y entrenar la creatividad, reír y divertirse.

Cambio de perspectiva

Esta técnica consiste en tomar en consideración un tema (que puede abarcar varios ámbitos, además de abarcar todos los sentidos) y averiguar quién puede encontrar la perspectiva más singular y coherente. Ejemplos de debates podrían ser los siguientes: "¿Podría haber un mundo sin empleo?" o "¿Cómo reaccionaría la raza humana ante la conquista de la inmortalidad?", etc. Como en el año anterior, aquí tampoco hay ganadores ni perdedores; el objetivo de este juego es únicamente animar a sus jugadores a ser creativos y sacar todo su potencial mental.

Los cuatro tipos de comunicación

Siempre que hablamos de comunicación nos referimos a ese intercambio o transferencia de información que puede tener lugar entre un individuo y otro. Este proceso es capaz de desarrollarse a través de toda una serie de reglas y códigos que permiten un correcto intercambio de un determinado mensaje. Cada día cada uno de nosotros experimenta diferentes tipos de comunicación, que por conveniencia dividiremos en cuatro macro categorías de acuerdo a los diferentes propósitos intrínsecos de cada uno.

Por tanto, es posible comunicarse para:

- Explicar
- Convencer
- Persuadir
- Manipular

Explicar

Entre todos, es el ejemplo más lineal de comunicación, que presupone el paso directo de cierta información de un individuo a otro. Los fundamentos de esta acción formativa o informativa son tres prerrogativas: quienes deseen transmitir la información deben tener el conocimiento de la propia información, así como los medios y habilidades para transferirla correctamente, de modo que pueda ser entendida; además, el oyente no debe estar ya en posesión de la información que se va a transferir.

Convencer

Si la explicación anterior va seguida de motivos razonables, entonces nuestra tarea ya no se limita a explicar, sino que tratamos de convencer al interlocutor de la validez del mensaje que estamos transmitiendo. El acto de convencer presupone que el mensaje es correcto y que quien pretenda transmitirlo tiene un mínimo de reputación a los ojos del interlocutor. Si uno de los dos requisitos no se cumple por completo, existe el riesgo de que el interlocutor rechace la información.

Persuadir

La persuasión representa un estilo de comunicación que conduce a un cambio en la actitud o comportamiento del interlocutor mediante un intercambio de ideas. Quienes habitualmente utilizan el arte de la persuasión intentan, en primer lugar, abrirse, en primera persona, al punto de vista de los demás, de tal manera que aumenten considerablemente las posibilidades de que el interlocutor haga lo mismo, con su forma de hablar. ver cosas. En comparación con las acciones inherentes a explicar y convencer, la persuasión utiliza, además de las palabras, el lenguaje corporal, de manera consciente y eficaz. Usar la persuasión presupone el conocimiento de sus principios y técnicas, además de un entrenamiento constante.

Manipular

La manipulación mental o psicológica representa un tipo de comunicación destinada a cambiar drásticamente la percepción o el comportamiento de los demás. Aunque a menudo se confunde con la persuasión, utiliza diferentes técnicas, además de tener diferentes objetivos. La manipulación utiliza esquemas, técnicas y métodos muy específicos, que fácilmente podríamos definir como engañosos y tortuosos, para construir situaciones que podrían conducir al abuso, tanto psicológico como físico.

La diferencia entre la persuasión y la manipulación psicológica

Como ya hemos visto, hay muchas personas que tienden a confundir la persuasión con la manipulación psicológica, dos conceptos tan parecidos que es difícil entender cuándo termina uno y comienza el otro. En verdad, la diferencia existe y es clara, tanto en términos de metodologías como en términos de ética.

Cuando hablamos de persuasión nos referimos al acto de inducir a las personas a hacer o creer algo, o quizás a cambiar sus creencias. Por lo general, el persuasor busca su propio beneficio personal y obtiene una ventaja real al cambiar las ideas de otras personas. Puede obtener beneficios económicos, de imagen y de otro tipo, o más simplemente hacer florecer nuevas situaciones favorables por motivos ocultos, mientras que en general no comete nada malo. Evidentemente, la persuasión también puede tener efectos negativos, pero esto debe atribuirse al uso indebido que se haga de ella, generalmente exagerado o poco ético.

La manipulación, por otro lado, es según la definición una acción realizada específicamente para moldear el pensamiento de una persona a través de medios y métodos incorrectos, exclusivamente para propósitos personales inconfundibles. Al contrario de la persuasión, donde los efectos negativos se consideraron una anomalía, aquí son las implicaciones beneficiosas las que se consideran una excepción a la regla. Esto se debe a que el único objetivo de la manipulación es lograr el objetivo que el manipulador se ha fijado y todas las consecuencias restantes se consideran efectos secundarios del proceso de manipulación.

Entre otras cosas, cabe precisar que estos efectos secundarios, subproductos del proceso, raras veces tienen beneficios o implicaciones positivas para quienes son víctimas de manipulación psicológica.

Además, se pueden identificar tres diferencias principales entre la persuasión y la manipulación:

- La intención

- La transparencia
- El beneficio

La intención, o el final si lo prefieres, puede ser bastante diferente, tanto que las respuestas que obtendremos del interlocutor también serán distintas.

La persuasión deja al interlocutor con una agradable sensación positiva porque se lo lleva a sentirse parte de los hechos y, en mayor medida aún, del proceso de toma de decisiones que lo llevó a realizar una determinada acción.

Por otro lado, quienes sufren una acción manipuladora experimentan un colapso emocional inmediato al finalizar el proceso y suelen experimentar sensaciones desagradables como el remordimiento.

La transparencia

Cada uno de nosotros, si bien no poseemos, específicamente, metodologías y técnicas, es capaz de reconocer el intento previo a una acción persuasiva o, más simplemente, es capaz de comprender cuando alguien o algo está tratando de obligarnos a modificar un determinado pensamiento.

El ejemplo más cercano, e incluso el más sorprendente, es el de la publicidad televisiva: durante estos innumerables comerciales, se utilizan muchas técnicas fácilmente identificables para persuadir a uno de comprar.

Ahora preguntémonos qué pasaría si se insertaran "incrustaciones" en esos mismos anuncios. Los "incrustados" no representan más que todas aquellas imágenes, palabras y sonidos ocultos o evocadores que no son inmediatamente identificables, que no son recogidos por la parte consciente de la mente pero que influyen y actúan sobre el inconsciente: los mensajes subliminales.

Aquí hay un ejemplo de una técnica no transparente, una técnica sutil y oculta que actúa de tal manera que cambia nuestro pensamiento.

Como hemos podido ver, por tanto, entre las muchas diferencias que se pueden encontrar cuando comparamos persuasión y manipulación, no podemos dejar de mencionar la veracidad y transparencia del proceso.

El beneficio

El término beneficio se refiere al impacto detectable de una acción en la persona que sufre persuasión o manipulación. En la persuasión, el beneficio es mutuo y las necesidades del interlocutor son, de hecho, muy importantes. La manipulación, por otro lado, es comparable a una calle de un solo sentido: su único propósito es el beneficio del manipulador, todo lo demás pasa a un segundo plano.

La persuasión

Para explicar con más detalle qué es la persuasión, consideremos la definición acuñada por el filósofo Aristóteles: la persuasión es el arte de inducir a las personas a realizar ciertas acciones que normalmente no harían si no les preguntamos.

La persuasión está muy mal vista hoy en día, porque a menudo se confunde con la manipulación, cuyas diferencias hemos observado y analizado anteriormente. Aunque muchas personas están convencidas de que la persuasión constituye un conjunto de técnicas y métodos sutiles para obtener algo que de otro modo no hubieran obtenido, es necesario decirlo: la persuasión es un gran don, simplemente no al alcance de todos. Representa un medio, una herramienta que podríamos considerar neutra, que puede conducir a resultados más o menos agradables en función de su uso y de la persona que la utilice.

Saber persuadir presupone una gran capacidad para escuchar y también de comunicación e implica un conocimiento férreo del interlocutor. Todas estas habilidades pueden ser innatas en algunas personas o pueden aprenderse a través de cursos de capacitación específicos, así como a través de la capacitación.

La persuasión eficaz

Para que el acto de persuasión sea efectivo es necesario seguir los cuatro pasos principales que pueden llevar a una persona a realizar una determinada acción:

- ☐ Ethos

- ☐ Logos

- ☐ Pathos

- ☐ Praxis

Ethos

La ética y la moral son los dos primeros puntos clave que cualquier buen persuasor debería utilizar para empezar. Para que el interlocutor confíe plenamente en nosotros, es necesario, desde el principio, poder establecer una relación de confianza. Para ser escuchado conviene contar con la confianza del oyente, quien debe estar convencido de nuestra buena voluntad y preparación en el tema.

Logos

Para que el oyente esté convencido de lo que le estamos comunicando, es necesario contar con un buen argumento de su lado, lo más lógico posible o inatacable en números o principios, precisamente porque es imprescindible convencer al interlocutor de la validez de nuestro punto de vista. Todo lo relacionado con el razonamiento y la racionalidad representa un paso crucial para crear una pequeña brecha dentro del área del cerebro que supervisa los aspectos más lógicos y racionales.

Pathos

Otro aspecto que no debe pasarse por alto es el emocional: el pathos invoca y apela a las emociones del interlocutor. En este punto, todo razonamiento lógico expira porque el oyente ya está convencido de la validez y veracidad de lo que estamos comunicando o argumentando. En esta delicada fase del proceso persuasivo, las discusiones se hacen sin lógica, apelando solo a las emociones o utilizando mecanismos como el miedo, el amor, la ira o la empatía, para influir en las emociones del interlocutor. En este momento de motivación emocional, se intenta inculcar en el interlocutor un fuerte deseo de cambio para experimentar determinadas emociones o para que se mantenga alejado de otras.

Praxis

Durante el último paso del proceso de persuasión, la acción se convierte en consecuencia directa de una situación en la que el interlocutor ha sido previamente condicionado. Este paso suele ser el más corto, pero debe realizarse con precisión, tanto en términos de tiempo como de modalidades. La solicitud de acción es un paso fundamental para llevar a cualquier persona a actuar. Sin este último, las posibilidades de obtener resultados al menos satisfactorios se reducen drásticamente, incluso si los tres primeros pasos iniciales se han realizado perfectamente.

Seis principios de la persuasión

Sin duda, cuando se habla de persuasión, es importante tener en cuenta las técnicas y el modus operandi, pero hay otros factores a tener en cuenta, como los once principios que componen la persuasión, las bases -si queremos llamarlas así- sobre las que adoptar posteriormente. Mejor las técnicas más adecuadas.

Reciprocidad

El principio de reciprocidad es sin duda una de las primeras enseñanzas que alguien ha recibido desde la infancia: "si alguien te da algo, tienes que agradecer y ser agradecido", "si alguien te hace un favor, debes corresponder". El concepto de reciprocidad es intrínseco a la vida cotidiana y representa una de las mejores herramientas para utilizar en la comunicación persuasiva.

Hay situaciones muy comunes, en las que todos se habrán encontrado al menos una vez, que nos hacen sentir una extraña sensación de malestar hacia el "regalo" percibido, porque entendemos que el propósito detrás de ese movimiento sutil es obtener algo a cambio (p. Ej. Por ejemplo, pensemos cuando en el mercado un vendedor ambulante nos dice que probemos su caciotta u otro de sus productos).

Sin embargo, en otras situaciones completamente nuevas y diferentes, el principio de reciprocidad, si se usa bien y se disfraza, funciona aún mejor, porque las personas se sienten naturalmente impulsadas a responder de manera completamente inconsciente. En estos casos, el intercambio suele tener lugar sin que la persona se dé cuenta de nada (por ejemplo, pensamos en un comerciante que nos ofrece un descuento por la compra de un nuevo electrodoméstico, generalmente a la primera oportunidad útil estaremos encantados de recomendar su compra a un amigo nuestro y esto no porque queramos que nuestro amigo gaste menos dinero, sino porque inconscientemente sentimos el deber de devolverle el favor).

La mente, por tanto, permanece bien anclada en el principio de reciprocidad para devolver lo recibido. Esto nos muestra, en este caso, cómo es posible utilizar el principio de reciprocidad sin necesariamente tener que dar algo como obsequio, como a través de un compromiso.

Podemos hablar de compromiso cuando estamos dispuestos a ofrecer un determinado producto a un precio más bajo, cuando nos ponemos a disposición para negociar algo. Según la regla de compromiso, una persona que ha rechazado una primera oferta se sentirá endeudada si recibe una segunda oferta que es mucho más barata y más ventajosa que la primera. Esto, que también se denomina "regla del intercambio" ilustra cómo es posible aprovechar la reciprocidad: la mayoría de las veces, las personas que dan el primer paso (dar u ofrecer algo) son capaces de poner al interlocutor en una posición de deuda contigo.

Coherencia

La coherencia tiene que ver con la psicología humana y sus comportamientos. Según el principio de coherencia se establece que todo aquel que decida realizar una determinada elección estará predispuesto a realizarla precisamente por el principio de coherencia. De hecho, esta persona automáticamente será sometida a toda una serie de presiones personales e interpersonales que le asegurarán que pueda mantener el compromiso adquirido (por ejemplo, una persona que se ha comprometido a pagar dinero de su propio bolsillo por una causa que considera derecho y al que ha dado su consentimiento, incluso después de algún tiempo se le podría solicitar que hiciera lo mismo y el persuasor podría obtener el mismo consentimiento, dado que el compromiso ya está hecho: ¡a nadie le gustaría parecer inconsistente!). De hecho, los persuasores ven la coherencia como una ola, que se puede montar repetidamente hasta que el mar se aclare nuevamente: una vez obtenido el primer sí o el primer consentimiento, será posible repetir la misma petición incluso después de un tiempo, no cambiando el resultado.

Persistencia

Sin duda, la persona más persuasiva es la que puede demostrar con el tiempo que es verdaderamente coherente con sus ideas y que está verdaderamente dispuesta a seguir creyendo en lo que quiere. Poder llevar a cabo una y otra vez el propio mensaje, incluso después de muchos esfuerzos, ha permitido de hecho que numerosos personajes históricos hayan podido obtener los resultados deseados, logrando encantar a pueblos enteros: Luis Pasteur o Abraham Lincoln, por nombrar algunos. Por eso, nunca te desanimes por las primeras dificultades, demuestra que eres capaz de explotar estos obstáculos para adquirir nuevas experiencias.

Prueba social

La prueba social (o prueba social) se refiere a la credibilidad que asume un determinado pensamiento o producto exclusivamente por la presencia de una personalidad o gracias a la aprobación de la masa (ejemplo, si todo el mundo dice que ese producto es bueno para ti, entonces definitivamente lo será).

Este principio es muy sutil porque aprovecha los miedos e incertidumbres personales.

En los casos en que las personas no pueden tener un dominio absoluto de un tema determinado, tomando decisiones completamente autónomas, intentan comprender cómo se comportan los demás, siguiendo el ejemplo de la multitud con el objetivo de hacer una idea que, en realidad, nunca les perteneció.

Esto sucede porque el ser humano es un animal dominado por un sentido de identidad y de pertenencia, por lo que las personas no pueden evitar preocuparse constantemente por la opinión de los demás. Se reconocen a sí mismos como parte de un grupo si comparten las mismas ideas, si actúan de la misma manera o si tienen el mismo modelo a seguir.

La prueba social se puede mejorar y aprovechar de varias formas, incluidos testimonios y seguidores.

Autoridad

Al igual que el principio de reciprocidad, el principio de autoridad también representa una de las primeras lecciones que recibimos desde una edad temprana. La religión en sí está vinculada a este principio: solo piense en cuando Dios ordenó a Adán y Eva que no comieran la manzana. De manera más general, se podría decir que la historia de la educación siempre ha ilustrado dos figuras principales: los profesores y los alumnos. Siempre se nos muestra a los primeros como sabios y competentes, mientras que de los segundos solo sabemos que deben escuchar y obedecer. La obediencia generalmente se recompensa con buenas calificaciones y recompensas, mientras que la desobediencia trae consigo consecuencias nocivas como notas disciplinarias y castigos.

Todo esto es cierto, por supuesto, también para las personas: después de reconocer la autoridad en una persona en particular, automáticamente nos volvemos mucho más predispuestos a aceptar sus enseñanzas y obedecer sus órdenes. El reconocimiento de una autoridad presupone que esta persona está preparada y es competente, por lo que automáticamente será alguien capaz de infundir seguridad.

Simpatía

Probablemente cada uno de ustedes habrá conocido, al menos una vez en su vida, a ese simpático vendedor que supo fascinarte con sus discursos y su forma de hacer las cosas. Las personas están naturalmente predispuestas a realizar acciones solicitadas por personas que no solo conocen, sino sobre todo a las que les gustan y que las hacen sentir bien. Por lo tanto, no es raro decir que la simpatía actúa directamente sobre nuestras elecciones, incluso si no nos damos cuenta en lo más mínimo. La simpatía nos lleva a confiar en cualquier persona que sea capaz de transmitirnos sentimientos positivos. Lo que comúnmente se llama aquí simpatía, en realidad representa uno de los principios cardinales de la persuasión, porque es capaz de aprovechar el principio de reciprocidad.

Las 21 técnicas de persuasión más importantes

Una vez que haya sentado las bases para la persuasión, es hora de pasar a la parte más práctica de todo. Conocer el mayor número de técnicas persuasivas es muy importante para mantener viva la atención, despertar la curiosidad, inculcar nuevas emociones y llevar al potencial comprador a completar la compra.

- Escasez: el efecto de escasez ocurre cuando la disponibilidad de un producto en particular es limitada. Este principio es uno de los más poderosos y utilizados en marketing: en primer lugar porque la gente ama la exclusividad (un producto en disponibilidad limitada, no accesible para nadie, será más tentador que cualquier otra cosa) y en segundo lugar porque la rareza de un determinado producto aumenta exponencialmente su valor. Además, el principio de escasez se asocia a menudo con la oportunidad de ahorrar.

- Apelar a la autoridad: esta técnica se utiliza siempre que sea necesario aumentar la autoridad de lo que está diciendo. Para ello, generalmente, recurrimos a la utilización de un personaje famoso para sustentar nuestras tesis y nuestros argumentos. Se debe prestar especial atención a la autoridad elegida, que necesariamente debe ser reconocida como válida por ambas partes. Y si se considera que la autoridad es experta en el tema, entonces puede disfrutar de un efecto aún mayor.

- Urgencia: esta técnica es muy similar a la de escasez y, a menudo, estas dos técnicas se utilizan juntas. Mientras que la escasez depende de la cantidad particularmente pequeña de un producto determinado disponible, la urgencia afecta el tiempo disponible para que el comprador complete la compra. Crear un sentido de urgencia es muy importante porque los humanos a menudo tienden a posponer las cosas, incluidas las compras.

- Ticket: este término se refiere a aquella serie de técnicas que van más allá de las ofertas temporales y utilizan el precio de un producto o servicio. Es muy importante conocerlos para evitar un error de marketing muy común: bajar los precios.

- Percepción de menor precio: es una de las técnicas más utilizadas, especialmente en lo que respecta a los artículos menos costosos, cuyos precios terminan siempre con uno o dos "9". Mirando, por ejemplo, el precio de 1,99 €, la mente percibirá 1 € y no 2 €.

- Precio de prestigio: consta de una cifra completa y la opuesta a la anterior. (100 € en lugar de 99 €). Se llama así porque las cifras completas son procesadas por la mente humana de una forma más sencilla y por tanto contribuyen a incrementar la confianza en el comprador.

- High Ticket: esta terminología se refiere a un precio elevado. En primer lugar, hay que aclarar que no es del todo cierto que un precio elevado sea contraproducente para las ventas. El precio siempre está asociado al beneficio que se puede obtener de la compra de un producto. Además, un precio especialmente elevado aumenta la sensación de exclusividad, contribuyendo a reforzar la validez del producto en sí.

- Descuento: es una de las técnicas más utilizadas para cambiar la percepción del cliente. Especialmente durante el período de ventas, los precios experimentan una caída drástica, lo que ayuda a los clientes a percibir la oportunidad de obtener un buen trato, incluso gastando más de lo que deberían. La ventaja de esta técnica está representada por la posibilidad constante de que los minoristas puedan vaciar sus almacenes y deshacerse de los productos viejos. Fuera del período de venta, esta técnica se puede utilizar para atraer nuevos clientes.

- El número 7: a menudo te encuentras con productos cuyos precios terminan en el número 7. Esta técnica aún no es segura: los especialistas en marketing creen que un precio que termina en 7 inspira mayor confianza, por el simple hecho de que es un número que gusta para muchos, que se ha revestido de significados religiosos y que indica simultáneamente tanto el número de virtudes como los días de la semana. A pesar de esto, sin embargo, no hay evidencia al respecto y esto sigue siendo solo una teoría.

- Hacer cumplidos sinceramente: está científicamente comprobado que los cumplidos agradan a todos y son la técnica de persuasión más sencilla y barata. Quienes reciben elogios se sienten apreciados, escuchados y, en consecuencia, experimentan sentimientos de aprecio y confianza hacia quienes los felicitaron.

- Imágenes: se ha comprobado el uso de imágenes: son mucho más poderosas que las palabras y, por ello, se fijan más fácilmente en la mente. La imagen no representa simplemente una experiencia que se puede vivir con los ojos, sino sobre todo una experiencia que se puede vivir con la mente. Si se hace bien, esto ayuda a aumentar su poder de persuasión.

- La verdad: esta técnica es muy interesante porque, para establecer una relación inmediata con tu interlocutor es necesario decirle la verdad, enfocándote en algo que nadie más tendría el valor de decirle. De hecho, enfrentarse repentinamente a una verdad dura y cruda despoja al interlocutor de su propio escudo defensivo, contribuyendo a crear una experiencia totalmente penetrante y persuasiva.

- Flexibilidad de comportamiento: quienes tienen la máxima flexibilidad son capaces de adaptarse a cualquier situación y también pueden presumir de cierto control. La flexibilidad de comportamiento puede ser crucial cuando se trata de un grupo de personas. Se puede perfeccionar gracias al estudio de las objeciones, logrando de antemano saber adaptarse a las diversas situaciones que se puedan desarrollar. Al adaptarse a la situación, permaneciendo así tranquilo y distante, puede obtener el máximo efecto de palanca sobre los demás.

- Emociones: "enmarcar" es una técnica que utiliza palabras significativas para desencadenar reacciones emocionales en las personas. Las emociones que se despiertan no tienen por qué ser necesariamente positivas, de hecho, en algunas situaciones incluso las negativas son muy importantes, porque ayudan a crear la atmósfera adecuada de unión entre las personas. Las emociones enriquecen el discurso e involucran a los espectadores en él.

- Energía: algunas personas agotan la energía de otras y se muestran ante nuestros ojos como cualquier cosa menos persuasiva. Las personas verdaderamente persuasivas, por otro lado, pueden infundir su energía y entusiasmo en el oyente. Puedes nacer más o menos predispuesto a esta habilidad, pero con tiempo y ejercicio es posible identificar tus fortalezas para poder usarlas para motivar a quienes nos escuchan.

- Apelar a la razón: siempre es útil apelar a la razón, apoyando los propios argumentos a través de hechos, números, información y argumentos diversos. Siempre que se recurre a una apelación a la razón, es posible convocar al público con preguntas que brindan respuestas únicas, que además de abrirse al diálogo y al enfrentamiento, tienen la intención de establecer su propia autoridad.

- Preguntas retóricas: el uso de preguntas retóricas tiene un doble efecto. No se les pide que obtengan una respuesta real, sino que digan lo obvio. Por tanto, su intención es tanto reafirmar la validez del discurso como fortalecer el vínculo emocional con el oyente.

- Anticiparse a las objeciones: ser capaz de responder con éxito a las objeciones planteadas en un discurso determinado es importante porque fortalece la autoridad de uno ante los ojos de los demás. A pesar de esto, es bueno tener en cuenta que la objeción, por su naturaleza, siempre insinúa una duda, aunque sea mínima, en quien la oye. Por ello, lo mejor sería evitar la presencia de objeciones, anticipándose a ellas de antemano con contraargumentos.

- Haz una predicción: es posible hacer una predicción cuando tienes datos irrefutables sobre los cuales calcular las predicciones. Un pronóstico bien calculado asegura que el interlocutor se identifique con una nueva realidad. Por lo tanto, las previsiones están destinadas a generar nuevas emociones o fortalecer las existentes. Deben formularse necesariamente de tal manera que no generen expectativas que puedan desilusionar.

- Storytelling corporativo: el storytelling es el arte de saber escribir y contar historias. El Storytelling corporativo (o storytelling corporativo) es la técnica empleada en marketing que, al explotar la gran capacidad narrativa y el poder de las historias, se fija el objetivo de despertar emociones en los clientes potenciales. Una buena historia debe poder involucrar tanto la parte racional como la emocional del oyente; debe estar estructurado para ser creíble y plausible, debe tener una trama dinámica.

- Brecha de curiosidad: al reconectarse a la narración corporativa, es posible explotar esta técnica para crear más curiosidad en el oyente, manteniendo viva la atención de la audiencia, simplemente interrumpiendo la historia (que debe ser convincente) en un cierto punto, con la promesa de retíralo más tarde.

- Desplazar la atención: esta técnica también utiliza el storytelling para desviar la atención de las excelentes cualidades y características que posee el producto a vender, a otros conceptos relacionados con él como deseos, sueños y certezas. que se puede utilizar comprando ese producto en particular.

- Somos iguales: poder hacerle entender al potencial cliente que tienes los mismos orígenes, tienes los mismos problemas y que básicamente no eres tan diferente, es una técnica muy precisa para ganar su confianza. De esta forma, se lleva al cliente a confiar automáticamente en aquellos que demuestran que conocen su situación porque la han vivido y tienen más probabilidades de aceptar la solución propuesta porque ya ha funcionado una vez.

- Singularidad: la singularidad es a menudo la clave del éxito. Entrar al mercado con actitud o un producto original y nunca antes visto es el primer paso decisivo si pretendes captar la atención de los clientes con mayor facilidad.

- Especificidad: esta técnica es la que te permite creer lo que difícilmente podría ser creíble, llenando la historia de detalles muy específicos y minuciosos.

- La elección teórica: cuando pretendes vender un producto debes asegurarte de poner al cliente en la situación potencial en la que se siente libre para hacer su elección, incluso si esta última es, en realidad, cualquier cosa menos así de gratis. El cliente debe experimentar la sensación de poder elegir y ser libre de elegir, lo que debe hacerse de forma sencilla para evitar la sensación de parálisis.

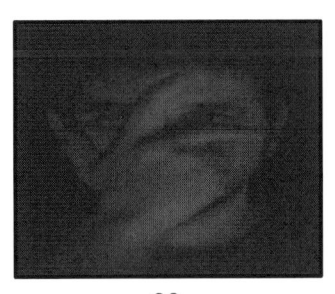

La manipulación

Como ya hemos visto en los capítulos anteriores, es posible definir la manipulación mental como aquella conducta sutil que va en contra de los principios de la ética, por lo que se dirige exclusivamente a inculcar pensamientos, necesidades, deseos o conductas específicas en el interlocutor, libre de su voluntad. Generalmente, la manipulación mental actúa en la mente de la víctima aprovechando su fragilidad, entre las que se encuentran el sentimiento de culpa y el deseo de aprobación. El manipulador, como ya se mencionó, implementa la manipulación para que pueda lograr un objetivo previamente establecido, no necesariamente alineado con el deseo de dañar a la otra persona.

Dark psicology o psicología negra: las técnicas de manipulación mental más comunes

Cuando hablamos de Psicología Oscura (o Psicología Negra, Oscura) nos referimos a toda una serie de técnicas y formas sutiles que se utilizan, en el contexto de la manipulación mental, para ejercer un cierto control sobre alguien. A continuación les presentaré algunos de ellos, entre los más famosos y usados. Aprenderlos y ser capaz de reconocerlos reducirá el porcentaje de que se convierta en víctima de manipulación.

- • Baño amor: esta táctica incluye cualquier tipo de engaño, elogio o cumplido que se haga a las personas para inducirlas a satisfacer el pedido que queremos. Un manipulador oscuro también podría usar esta técnica específica para hacer que la otra persona se sienta dependiente de él y luego convencerlo de que haga cosas que normalmente no haría.

- • Mentir: es decir, proporcionar a la víctima una versión falsa o modificada de la situación. También puede incluir verdades parciales o exageraciones creadas ad hoc con el objetivo de conseguir lo que quieres.

- • Negar el amor: esta técnica es una de las más difíciles de manejar para la víctima, porque puede hacerla sentir perdida y abandonada por el manipulador. La táctica en cuestión incluye atar y mantener el afecto y el amor de la otra persona hasta que uno esté en condiciones de obtener lo que quiere de la víctima prevista.

- • Retirar: es una táctica que se da cuando la víctima es constantemente ignorada y evitada hasta que esta satisface las necesidades de la otra persona.

- • Limitar las opciones: esto se logra haciendo que el manipulador ofrezca una variedad de opciones a la víctima, distrayéndola de todas las demás que no quieren que se consideren.

- • Manipulación semántica: el propósito de esta técnica es utilizar algunas palabras comúnmente conocidas y aceptadas por ambas partes, insertándolas en una conversación. Una vez hecho esto, se le dirá a la víctima que en el momento de usar estas palabras, se quiso decir algo completamente diferente. El nuevo significado cambiará toda la definición y podría hacer posible que el manipulador tome el camino que ya se había propuesto.

- • Psicología inversa: esta es quizás una de las técnicas más famosas y conocidas. Ocurre cuando el manipulador le dice a la víctima que realice una acción específica, aun sabiendo que sucederá lo contrario. La acción opuesta es exactamente el objetivo fijado por el manipulador.

- • Varíe su estado de ánimo: esta técnica la utiliza con mucha frecuencia el manipulador, por lo que la víctima nunca está segura de su estado de ánimo. De esta forma seguirá manteniendo elevada su desorientación, y en consecuencia ella estará más a favor de adoptar una actitud sumisa.

- • Negar la evidencia: como ya hemos visto, el manipulador es un mentiroso excelente. Esta y muchas otras técnicas se utilizan continuamente para confundir a la víctima.

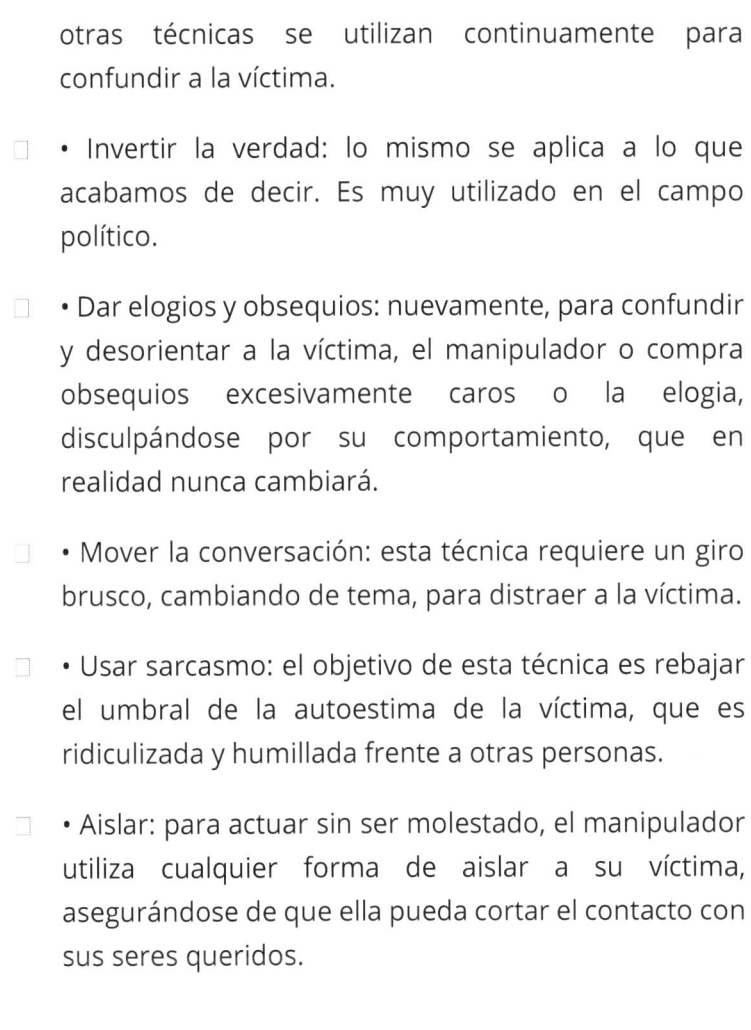

- • Invertir la verdad: lo mismo se aplica a lo que acabamos de decir. Es muy utilizado en el campo político.

- • Dar elogios y obsequios: nuevamente, para confundir y desorientar a la víctima, el manipulador o compra obsequios excesivamente caros o la elogia, disculpándose por su comportamiento, que en realidad nunca cambiará.

- • Mover la conversación: esta técnica requiere un giro brusco, cambiando de tema, para distraer a la víctima.

- • Usar sarcasmo: el objetivo de esta técnica es rebajar el umbral de la autoestima de la víctima, que es ridiculizada y humillada frente a otras personas.

- • Aislar: para actuar sin ser molestado, el manipulador utiliza cualquier forma de aislar a su víctima, asegurándose de que ella pueda cortar el contacto con sus seres queridos.

Técnicas avanzadas de manipulación mental

- • Silencio: saber cuándo adoptar la técnica del silencio puede ser muy útil para entender lo que realmente está pasando en la cabeza de nuestro interlocutor. El conocimiento en profundidad del interlocutor, sus pensamientos y opiniones, representa una de las mayores ventajas que podemos utilizar a nuestro favor, tanto a efectos de manipulación, como para saber si la persona en cuestión nos está mintiendo u ocultando algo. .

- Esta técnica es muy sencilla de utilizar, lo importante es encontrar el momento adecuado para implementarla. El momento perfecto generalmente ocurre cuando, durante una conversación normal, el interlocutor después de haber hecho alguna pregunta, "pasa el balón" al otro. Este momento particular, que representa aquel en el que la palabra debe pasar de una persona a otra, es también el adecuado para guardar silencio. De hecho, en la mayoría de los casos el interlocutor volverá a hablar, sintiéndose casi obligado a agregar más, quizás brindando información adicional que, por una razón u otra, había omitido anteriormente.

- • Double Bind: concebida y formulada por el psicólogo británico Gregory Bateson en la segunda mitad del siglo XX, esta técnica utiliza dos niveles de comunicación distintos que deliberadamente se comportan en sentido contrario. Básicamente, la intención es hacer que la víctima viva dentro de una realidad llena de paradojas, donde ya no es capaz de distinguir información correcta de información incorrecta. Este sutil modus operandi se activa constantemente utilizando un lenguaje verbal (o explícito) que entra en clara contradicción con el no verbal (o implícito), descifrable por las actitudes, gestos o tono de voz, lo que generará desorientación y desorientación en la víctima.

- • Gaslighting: uno de los propósitos principales de un manipulador es llevar a la víctima a dudar de cualquier persona, incluso de sí misma, de tal manera que confíe y se aferre completamente solo a él. Esta técnica, que toma su nombre de la película de Cukor "Gaslight", actúa cuestionando las percepciones, la memoria y el sentido de la realidad de la víctima, favoreciendo un aumento del sentimiento de apego y dependencia psicológica. La víctima se ve continuamente inducida a dudar de todo lo que ve y todo lo que oye. Esta repetición tiene el efecto de llevar lentamente a la víctima al umbral de la exasperación: de hecho, comenzará a dudar de su realidad, para luego abandonarla por completo, para adoptar lo que le propone el manipulador.

- • Obligaciones económicas: esta técnica es muy utilizada especialmente dentro de las sectas y consiste en crear una dependencia económica de alguien, provocando que este donen todas sus posesiones. Del mismo modo, incluso dentro de una relación emocional o laboral, este tipo de situaciones pueden surgir fácilmente, cuando, por ejemplo, un préstamo hecho por bondad se transforma en un "favor personal", que vincula de alguna manera manipulador indisoluble y víctima. El llamado "favor personal" puede justificar cualquier acción, incluso un salario que tarda en llegar o que no llega en absoluto. Una vez que se ha aceptado una obligación financiera de este tipo, la víctima está atada para siempre, incapaz de escapar y termina aceptando voluntariamente incluso más de un salario vencido, hasta que se le pide que renuncie a ellos por falta de liquidez de la empresa o por otros motivos.

- • Asociación estímulo-respuesta emocional positiva: se trata de una técnica especialmente compleja que necesita tiempo para ser eficaz. Consiste en asociar una respuesta específica con un estímulo específico. Atención, no confundir con el mecanismo del condicionamiento clásico (del que hemos hablado anteriormente) que identifica el aprendizaje como la adquisición de nuevas relaciones entre un estímulo y una respuesta conductual.

- Ivan Pavlov, científico ruso y premio Nobel, pudo demostrar esta técnica realizando experimentos en perros. Su experimento consistió en alimentar a los perros, precediendo siempre el almuerzo diario con el sonido de una campana. Después de algún tiempo adiestrándolos, Pavlov volvió a someter a los perros al sonido de la campana, sin proporcionarles comida esta vez. A pesar de no haber recibido tiempo, los perros reaccionaron de la misma forma, con señales claras que hoy etiquetaríamos como expectativas emocionales. De esta manera, el científico pudo demostrar cómo es posible asociar ciertos estados emocionales (y sus consiguientes reacciones físicas) a elementos externos completamente variables. Estas reacciones se denominan "reflejos condicionados" y son la base para el desarrollo de la mayoría de las técnicas de condicionamiento y manipulación mental.

- • Groupthink: o "pensamiento grupal", ya hemos tenido la oportunidad de observarlo cuando hablamos de prueba social. Ha sido objeto de numerosos experimentos que han llegado a mostrar cómo los individuos están fuertemente influenciados por las opiniones del grupo, tanto en sus percepciones como en su comportamiento. Fue Solomon Asch, un psicólogo social polaco, quien demostró la validez de esta técnica en 1956, a través de uno de sus experimentos. El experimento consistió en formar pequeños grupos de personas, dentro de los cuales someter a la atención de las mismas tres líneas de diferente longitud, preguntándoles cuál de las tres correspondía a un metro. Algunos miembros del grupo, que actuaron como cómplices del experimentador, dieron por unanimidad una respuesta claramente incorrecta, que sin embargo fue rápidamente confirmada también por los demás sujetos del grupo con un 33% de porcentaje de condicionamiento mental. Todo ello demostró que si la respuesta en cuestión es socialmente aceptada por el grupo aunque sea incorrecta, un gran número de sujetos se dejarán influenciar.

- • Control social: detrás de estos dos términos están todas aquellas formas de condicionamiento mental que un grupo pone en marcha hacia los individuos que lo componen. Este mecanismo está presente como una forma de refuerzo en los procesos de adoctrinamiento. Por ejemplo, volviendo por un momento a las obligaciones financieras, intentemos dar un ejemplo concreto. La víctima del control social que, por lo tanto, se negó a adherirse a la ideología de las obligaciones financieras, será privada de cualquier cargo de responsabilidad adquirido con el tiempo y al mismo tiempo todos los avances de su carrera se derrumbarán de un solo golpe. Posteriormente, será privado del cariño del líder del grupo y será apartado del propio grupo (que en cambio se ha adherido ampliamente a la nueva ideología) para hacerlo trabajar en completo aislamiento o en condiciones penalizantes junto a otras personas que, como él, serán etiquetadas.

- • Etiquetado: esta técnica de manipulación mental se puede encontrar tanto dentro como fuera de un grupo, cuando por ejemplo la víctima es uno. Consiste en hacer creer a la persona en cuestión que posee una etiqueta, obligándolo a sentir y posteriormente comportarse de una determinada manera, convirtiéndose efectivamente en el tipo de persona que indica la etiqueta. Este mecanismo suele ser utilizado por manipuladores para modificar y minar la percepción que el sujeto-víctima tiene de sí mismo.

Técnicas con un estado de manipulación en curso

Como ya hemos visto, el propósito del manipulador es subyugar a su víctima, seguir controlando incluso cuando ya ha terminado en su trampa y asegurarse de que el estado de sujeción psicológica no falle, es más, incluso se intensifique. Generalmente, es precisamente durante este período cuando el manipulador es más vulnerable y está dispuesto a revelar su propia naturaleza y su personalidad tortuosa, incluso si, a estas alturas, su víctima ya no se encuentra en las condiciones óptimas para interpretar correctamente la realidad que lo rodea. Para hacer todo esto existen otras técnicas, más sencillas y menos invasivas que las vistas anteriormente, que el manipulador implementa para mantener el constante y perpetuo estado de manipulación.

- • Pronósticos catastróficos: esta técnica aprovecha el miedo al abandono de forma tan fuerte que lo exaspera. Generalmente se utilizan frases muy agresivas como: "Te será imposible vivir sin mí", "Te quedarás solo para siempre", "No podrás hacerlo sin mí". Acentuando cada vez más la condición de manipulación psicológica hasta el fatídico "El día en que ya no estaré allí...".

- **Delitos:** totalmente libres y desmotivados, los delitos entran en juego explotando los miedos de la víctima, como el de no poder satisfacer los deseos del manipulador.

- **Insultos y gritos:** al igual que las ofensas, son consecuencia o precedente de las mismas.

- **Mutismo:** esta última técnica tortuosa lleva a la víctima a la exasperación, terminando generalmente con una admisión directa y aceptación de la sujeción por parte de la víctima: "Si vuelves a hablar conmigo, haré lo que quieras".

- **Distancia emocional:** paralela al silencio, la distancia emocional representa un castigo muy similar que tiene como único propósito hacer que la víctima se sienta culpable o que no se sienta amada o apreciada.

- **Crítica destructiva:** esta técnica tiene como modus operandi el de preferir a cualquier otra persona que a la víctima designada para realizar una determinada acción. Se critica una tarea que la víctima debería haber realizado y cumplido a la perfección, comparándola con el comportamiento de otras personas en la realización de la misma actividad. Para realizar una crítica destructiva no es absolutamente necesario que la tarea se haya realizado mal o perfectamente.

- • Agresiones físicas: es la última etapa, así como la más brutal, donde el manipulador generalmente demuestra toda su autoridad a la víctima. Las agresiones físicas son un signo de manipulación mental que ya se encuentra en un estado avanzado.

Técnicas prohibidas de control mental

La manipulación (o el control) mental se puede utilizar de una manera tan sutil que cualquiera puede no tener la previsión o las habilidades adecuadas para darse cuenta de que se ha convertido en una víctima. La manipulación generalmente la implementa alguien con quien uno está familiarizado y familiarizado, por lo que cualquier idea o pensamiento que la víctima pueda tener parecerá absolutamente normal. Por lo tanto, reconocer y saber interpretar las señales se vuelve extremadamente importante.

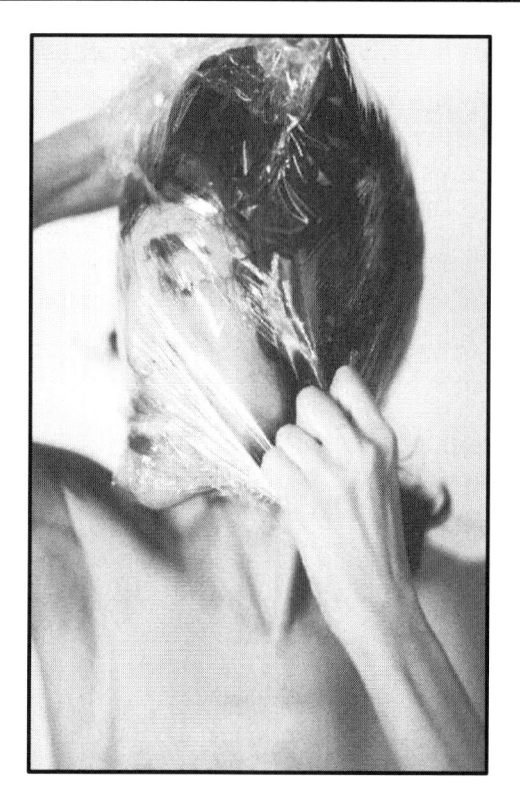

Las técnicas que presentaremos son las formas más perversas y tortuosas de control mental, la mayoría de las cuales son ilegales debido a su estado de tortura. Evidentemente pueden ser muy peligrosos para la persona que los padece y tener efectos postraumáticos de larga duración. Esto no significa que todos los métodos sean peligrosos, de hecho, algunos se utilizan con regularidad. Recordemos no confundir el control mental con el control total de la persona o de su cuerpo, el primero actúa sobre las ideas y el pensamiento, cambiando el segundo con información muy específica.

- • Técnica antisocial o de aislamiento: la mayoría de las veces es posible reconocer a una persona que se ha convertido en víctima del control mental por parte de su manipulador porque tenderá a distanciarse repentinamente de todos sus afectos, esto es porque actúa bajo la influencia de su manipulador.

- En esta situación juegan un papel importante la familia y los amigos, las únicas personas más cercanas a la víctima que tienen mayor probabilidad de notar un cambio brusco en sus ideas o pensamientos. Obviamente este escenario es lo último que el manipulador quiere que suceda: esto se debe a que si la víctima comienza a darse cuenta de que está solo, también podría plantear la posibilidad de que haya alguien, escondido detrás de las escenas de su vida, que esté tratando de manipularlo o controlar su mente.

- • Técnica de cambio de acciones y reacciones: es posible que las reacciones experimentadas a cosas que hace una determinada persona cambien drásticamente sin previo aviso. Si la víctima originalmente se comportó de manera fría y distante en las relaciones con una persona en particular y de repente parece más sociable y amigable (o viceversa) sin razón aparente, esto podría ser una señal muy clara, y por lo tanto no debe ser subestimada, de manipulación mental.

- • Trucos de PNL: la programación neurolingüística se puede utilizar de varias formas para estratificar los pensamientos de alguien dentro de la mente inconsciente. Los manipuladores que usan PNL saben perfectamente qué tipo de lenguaje usar para abrirse paso y cavar un agujero en la mente de la víctima. En general, saben con qué tipo de persona están tratando, qué tipo de persona es, qué tipo de comunicador es, etc. Su capacidad consiste precisamente en saber explotar toda esta preciosa información para difundir pensamientos en la mente inconsciente, utilizando frases o palabras clave para empujarlos profundamente en el cerebro.

- Técnica "Wall Standing": esta técnica, llamada un poco más simplemente "estar de pie contra la pared" se clasifica generalmente como una técnica de tortura pero es posible que también se utilice como método de manipulación mental. La víctima se coloca a un metro de distancia de una pared, obligada a levantar los brazos y asegurarse de que las yemas de los dedos se toquen entre sí. Más tarde se ve obligada a permanecer en esa posición durante largos períodos de tiempo. Paralelamente, también se utiliza una táctica relacionada con el miedo para mantenerlo en esa posición, implementando técnicas de manipulación mental cada vez más duras a medida que la víctima se debilita durante ese tiempo. Cabe precisar que se trata de una técnica muy poco común, que apenas se aplica fuera de los círculos militares.

- Mensajes subliminales: ya hemos mencionado algo sobre los mensajes subliminales, ese tipo de mensajes que tienen un tono, frecuencia y nivel de sonido demasiado bajos para ser percibidos y recibidos correctamente por la mente consciente. Todo esto, sin embargo, no impide que el subconsciente los capte, por lo que es posible utilizar esta técnica mientras una persona duerme, por ejemplo.

- • Narcosis profunda: es un cambio de conciencia durante la inmersión, que es una técnica de reprogramación mental. Puede ocurrir en un nivel menos profundo, aunque no con el propósito de controlar la mente. Durante el cambio de conciencia inducido por la narcosis, se utilizan una variedad de técnicas para implementar nuevos pensamientos e ideas en la mente de la víctima. Cuando este último vuelve a un estado normal de conciencia, esas ideas y pensamientos todavía están allí, depositados en la memoria.

- • Hipnosis: es una condición particular en la que se coloca un individuo para crear una influencia tanto en su situación psicofísica como en su comportamiento. Hoy en día se suele utilizar para cambiar la personalidad de una persona cuando esta última tiene que ver con adicciones como las drogas, el juego o el alcohol. Suele ser realizado por un hipnotizador profesional, capaz de inculcar nuevas ideas o nuevas creencias en la mente del paciente, que se asentarán en su subconsciente.

- • Técnica de privación sensorial: esta técnica tiene como objetivo eliminar todos los atributos sensoriales de una persona, que no será capaz de ver, oír o percibir lo que sucede a su alrededor. Es una técnica de aislamiento que debilita mucho a la víctima, provocando que se sienta confundida y desorientada. En esta situación específica y delicada, obviamente, es posible implementar técnicas de control mental.

- • Desnutrición: la víctima queda casi muerta de hambre. De esta manera su mente no estará clara en absoluto, sentirá miedo y trabajará para hacer lo que sea necesario para conseguir comida. Su mente previamente debilitada permitirá al manipulador instalar nuevas ideas y creencias con facilidad.

- • Capucha: esta es otra de las técnicas de control mental que puede considerarse como una verdadera tortura. A la víctima se le coloca una capucha sobre toda la cabeza y se le atan las extremidades. Luego la someten a varias preguntas. La capucha crea una ausencia de capacidades sensoriales, principalmente de la vista. La víctima, por tanto, en una condición de aislamiento y desorientación, podría comenzar a experimentar miedo y terror. Estas emociones pueden ser explotadas por el manipulador para implementar su control mental.

Cómo reconocer al perfecto manipulador

Para distinguir a un manipulador mental, es necesario prestar atención a cuatro elementos que caracterizan a quienes utilizan la manipulación consciente:

- • Usar la manipulación como la forma predominante o única de relación
- • Tiene una sed imperiosa de poder
- • Necesita tener el control

- Utilizar la opresión de los demás como una afirmación de la propia identidad.

Generalmente es un individuo muy hábil, en cuya personalidad hay connotaciones psicopáticas. Su personalización se caracteriza por un fuerte narcisismo y una escasa predisposición a la vida social, además tiene un sentido moral decididamente contradictorio. Además, el típico manipulador no siente ningún sentido de empatía hacia los demás, no respeta las reglas sociales más comunes y se presenta como una persona egoísta y centralizadora, interesada exclusivamente en sí mismo, en su propio bienestar y en el poder. Sin embargo, al contrario de lo que se podría pensar, nunca aparecerá con su ropa real, todo lo contrario: pretenderá ser el mejor de las personas, caracterizado por rasgos de carácter como la sensibilidad, la empatía, el altruismo, la bondad, etc. Haciéndose pasar por exactamente lo contrario de lo que realmente es.

La mayoría de las veces mostrará interés en las debilidades de las personas y las aprovechará para su beneficio. También se erige como un observador atento, comprometido en reconocer la necesidad de quienes lo rodean, de tal manera que se gane la confianza de la víctima y se insinúe en un espacio específico de la vida de esta persona. Las debilidades representan la verdadera fuerza del manipulador: no es raro que se haga pasar por un individuo débil, una necesidad, de tal manera que utilice su debilidad fingida para robar la confianza de los demás.

Después de un período inicial completamente rosado y tranquilo, el manipulador tiende a sacar a relucir su verdadero carácter: una de las características que componen su personalidad es la creencia de que todo se lo debe a él y que las personas que lo rodean deben necesariamente sacrificarse por él. Esta convicción está tan profundamente arraigada en él que nunca sentirá la necesidad de agradecer a los demás los esfuerzos realizados en su honor. A menudo es un individuo ambivalente, capaz de obtener más de los demás de lo que inicialmente reconoció. Sin embargo, a pesar de que simplemente se preocupa por su propio beneficio personal, aún logra hacer sentir bien a su víctima, quien, dominada por el idilio inicial, no tendrá dificultad en sentirse amado, apreciado y deseado. Normalmente, las situaciones idílicas suelen contrastarse con momentos de cruda violencia, durante los cuales el manipulador tiende a demostrar toda su maldad, llegando a culpar a la víctima. Esta mezcla de violencia psicológica lleva a la persona manipulada a perder la conciencia y la confianza en sí misma, alcanzando una autoestima completamente nula.

Un manipulador a menudo puede confundirse con una persona con trastorno de personalidad o trastorno bipolar, ya que puede mostrar formas, actitudes y comportamientos diametralmente opuestos. En situaciones de este tipo, la víctima a menudo parece confundida como incapaz de distinguir lo que es verdadero de lo que no lo es. De hecho, el juego del manipulador prevé que pase de un estado agresivo en el que critica duramente a la víctima a uno de total debilidad o remisión, caracterizado por mentiras y sentimientos de culpa ficticios. Su personalidad, que podríamos definir como perturbada a nivel patológico, sobrevive alimentándose de la energía que emana de sus víctimas, que atrae con actitudes capaces de desestabilizarlas. Su modus operandi se puede caracterizar generalmente por tres fases principales:

1. Durante la primera fase se encargará de actuar como el socio ideal o una persona que se preocupa por las necesidades de la víctima designada por él.

2. En la segunda fase concentrará todos sus esfuerzos en ganarse la confianza total y ciega de su víctima.

3. Finalmente, en la tercera fase operará aprovechando las debilidades y necesidades más ocultas de la víctima, utilizándolas para criticar, despreciar, culpar e incluso chantajear, utilizando formas de hacer muy vagas, contradictorias y una comunicación efímera.

La persona inicialmente amable y afable se convierte en una persona intolerante y arrogante que odia recibir rechazo. Además, comienza a mentir y a fingir malestar e incomodidad. No es raro que se comprometa a expresar intencionalmente estados de ánimo contradictorios, creando así un fuerte giro emocional hacia su víctima, con el fin de desestabilizarla más. Al hacerlo, las ofensas o devaluaciones gratuitas pueden alternarse fácilmente con gestos de afecto y cumplidos, que tienen como objetivo tranquilizar temporalmente a la persona manipulada.

Categorías de personas que podrían utilizar las técnicas de psicología negra para manipular

- **Narcisistas:** a menudo estas personas tienen un sentido distorsionado de su autoestima, por lo que necesitan hacer creer a los demás que son superiores. Para satisfacer sus deseos, incluida la reverencia y la adoración de cualquiera que conozcan, pueden utilizar la persuasión y la psicología negra.

- **Sociópatas:** No tienen dificultad en aparentar ser personas interesantes, encantadoras, inteligentes y tremendamente persuasivas. Sin embargo, solo se comportan de esta manera porque esperan obtener lo que quieren. Tienen una gran falta de emoción y empatía y, naturalmente, no pueden sentir emociones como el remordimiento. Todo esto los convierte en una categoría perfecta de personas para usar la psicología negra.

- **Políticos:** a través del mal uso de la psicología negra, cualquier político podría convencer a alguien de que vote por él, utilizando la persuasión para hacer creer a la persona en cuestión que su punto de vista es el correcto.

- **Vendedores:** No todos los vendedores son tan injustos como para usar la psicología negra, pero es posible que una parte de ellos, incluidos aquellos que absolutamente deben alcanzar ciertos números de ventas, lo hagan para persuadir y manipular a la gente para que compre.

- • Líder: No debería sorprendernos que haya numerosos líderes a lo largo de la historia que hayan utilizado deliberadamente la psicología negra para persuadir a sus subordinados y ciudadanos de que tomen ciertas acciones en su beneficio.

- • Egoísta: cualquier persona egoísta no tendrá reparos en anteponer sus propias necesidades a las de los demás. Las personas egoístas no se preocupan por los demás y pueden tomar medidas para hacer que las personas renuncien deliberadamente a sus propios beneficios en beneficio personal.

Conclusión

Gracias por llegar al final de este libro.

Se espera que esta lectura haya sido útil e informativa, además de formativa, capaz, es decir, de brindarte todas las ayudas que necesitas para lograr tus objetivos, independientemente de su naturaleza.

El aprendizaje y estudio realizado hasta este punto no será un fin en sí mismo, sino que te animará a poner en práctica muchas de las técnicas y lecciones aprendidas en estas páginas.

A estas alturas, cada uno de ustedes tiene las habilidades perfectas en su arsenal para observar y analizar a las personas, comprender las causas de sus comportamientos, emociones y todo lo que sigue. Por lo tanto, se facilita en sus relaciones sociales e interpersonales: a partir de ahora puede crear más fácilmente conceptos como intimidad, confianza y armonía para compartir con otras personas.

Además, se espera que este volumen le haya ayudado a ser más consciente de sí mismo en sus relaciones con otras personas, del tipo que sean. Además, ha adquirido habilidades y conocimientos precisos para elegir y determinar su futuro, tomando las decisiones y elecciones correctas al respecto: ¡nunca es demasiado tarde para tomar el control de su vida y su destino!

Sea siempre cauteloso y asegúrese de utilizar estas técnicas con prudencia y conocimiento de los hechos, dado su poder y eficacia en quienes nos rodean. Asegúrese de hacer las cosas por el bien de todos.

Aunque este viaje termina aquí con el final de este libro, tenga en cuenta que otro recién comienza: ¡el hacia una vida nueva y radiante!

Printed in Poland
by Amazon Fulfillment
Poland Sp. z o.o., Wrocław